文库

丛书主编

郑 毅

吉林志略

陈见微 点校

吉林文史出版社

《长白文库》总序

中华优秀传统文化是中华民族的"根"和"魂"，习近平总书记高度重视中华优秀传统文化，并将其作为治国理政的重要思想文化资源。"不忘本来才能开辟未来，善于继承才能更好创新。""优秀传统文化是一个国家、一个民族传承和发展的根本，如果丢掉了，就割断了精神命脉。"中华优秀传统文化具有多样性和地域性等特征，东北地域文化是多元一体的中华文化中的重要组成部分。吉林省地处东北地区中部，是中华民族世代生存融合的重要地区，素有"白山松水"之美誉，肃慎、扶余、东胡、高句丽、契丹、女真、汉族、满族、蒙古族等诸多族群自古繁衍生息于此，创造出多种极具地域特征的绚烂多姿的地方文化。为了"弘扬地方文化，开发乡邦文献"，自 20 世纪 80 年代起，原吉林师范学院李澍田先生积极响应陈云同志倡导古籍整理的号召，应东北地区方志编修之急，服务于东北地方史研究的热潮，遍访国内百余家图书馆寻书求籍，审慎筛选具有代表性的著述文典 300 余种，编撰校订出版以《长白丛书》（以下简称《丛书》）为名的大型东北地方文献丛书，迄今已近 40 载。历经李澍田先生、刁书仁和郑毅两位教授三任丛书主编，数十位古籍所前辈和同人青灯黄卷、兀兀穷年，诸多省内外专家学者的鼎力支持，《丛书》迄今已共计整理出版了 110 部 5000 余万字。《丛书》以"长白"为名，"在清代中叶以来，吉林省疆域迭有变迁，而长白山钟灵毓秀，蔚然耸立，为吉林名山，从历史上看，不咸山于《山海经·大荒北经》中也有明确记录，把长白山当作吉林的象征，这是合情合理的。"（《长白丛书》初版陈连庆先生序）

1983 年吉林师范学院古籍研究所（室）成立，作为吉林省古籍整理与研究协作组常设机构和丛书的编务机构，李澍田先生出任所长。全国高校古籍整理工作委员会、吉林省教委和省财政厅都给予了该项目一定的支持。李澍田先生是《丛书》的创始人，他的学术生涯就是《丛书》的创业史。《丛书》能够在国内外学界有如此大的影响力，与李澍田先生的敬业精神和艰辛努力是分不开的。《丛书》创办之始，李澍田先生"邀集吉、长各地的中青年同志，乃至吉林的一些老同志，群策群力，分工合作"（初版陈序），寻访底本，夙兴夜寐逐字校勘，联络印刷单位、寻找合作方，因经常有生僻古字，先生不得不亲自到车间与排版工人拼字铸模；吉林文史出版社于永玉先生作为《丛书》的第一任责编，殚精竭虑地付出了很多努力，为《丛书》的完成出版做出了突出贡献；原古籍所衣兴国等诸位前辈同人在辅助李澍田先生编印《丛书》的过程中，一道解决了遇到的诸多问题、排除了诸多困难，是《丛书》草创时期的重要参与者。《丛书》自20世纪80年代出版发行以来，经历了铅字排版印刷、激光照排印刷、数字化出版等多个时期，《丛书》本身也称得上是改革开放以来中国印刷史的见证。由于《丛书》不同卷册在出版发行的不同历史时期，投入的人力、财力受当时的条件所限，每一种图书的质量都不同程度留有遗憾，且印数多则千册、少则数百册，历经数十年的流布与交换，有些图书可谓一册难求。

1994年，李澍田先生年逾花甲，功成身退，由刁书仁教授继任《丛书》主编。刁书仁教授"萧规曹随"，延续了《丛书》的出版生命，在经费拮据、古籍整理热潮消退、社会关注度降低的情况下，多方呼吁，破解困局，使得《丛书》得以继续出版，文化品牌得以保存，其功不可没。1999年原吉林师范学院、吉林医学院、吉林林学院和吉林电气化高等专科学校合并组建为北华大学，首任校长于庚蒲教授力主保留古籍所作为北华大学处级建制科研单位，使得《丛书》的学术研究成果得以延续保存。依托北华大学古籍所发展形成的专门史学科被学校确定为四个重点建设学科之一，在东北边疆史地研究、东北民族史研究方面形成了北华大学的特色与优势。

2002年，刁书仁教授调至扬州大学工作，笔者当时正担任北华大学图书馆馆长，在北华大学的委托和古籍所同人的希冀下，本人兼任古籍所所长、《丛书》主编。在北华大学的鼎力支持下，为了适应新时期形势的发展，出于拓展古籍研究所研究领域、繁荣学术文化、有利于学术交流以及人才培养工作的实际需要，原古籍研究所改建为东亚历史与文献研究中心，在保持原古籍整理与研究的学术专长的同时，中心将学术研究的视野和交流渠道拓展至东亚地域范围。同时，为努力保持《丛书》的出版规模，我们以出文献精品、重学术研究成果为工作方针，确保《丛书》学术研究成果的传承与延续。

在全方位、深层次挖掘和研究的基础上，整套《丛书》整理与研究成果斐然。《丛书》分为文献整理与东亚文化研究两大系列，内容包括史料、方志、档案、人物、诗词、满学、农学、边疆、民俗、金石、地理、专题论集12个子系列。《丛书》问世后得到学术界和出版界的好评，《丛书》初集中的《吉林通志》于1987年荣获全国古籍出版奖，三集中的《东三省政略》于1992年获国家新闻出版总署全国古籍整理图书奖，是当年全国地方文献中唯一获奖的图书。同年，在吉林省第二届社会科学成果评奖中，全套丛书获优秀成果二等奖，并被国家新闻出版总署列为"八五"计划重点图书。1995年《中国东北通史》获吉林省第三届社会科学优秀成果二等奖。2005年，《同文汇考中朝史料》获北方十五省（市、区）哲学社会科学优秀图书奖。

《丛书》的出版在社会各界引起很大反响，与当时广东出现的以岭南文献为主的《岭南丛书》并称国内两大地方文献丛书，有"北有长白，南有岭南"之誉。吉林大学金景芳教授认为"编辑《长白丛书》的贡献很大，从《辽海丛书》到《长白丛书》都证明东北并非没有文化"。著名明史学者、东北师范大学李洵教授认为："《长白丛书》把现在已经很难得的东西整理出来，说明东北文化有很高的水准，所以丛书的意义不只在于出了几本书，更在于开发了东北的文化，这是很有意义的，现在不能再说东北没有文化了。"美国学者杜赞奇认为"以往有关东北方面的材料，利用日文资料很多。而现在中文的《长白丛书》则很有利于提高中国东北史的研究"（《长白丛书》出版十周年纪念会上的发言）。中国社会科学院边疆史地研究中心主任厉声研究员认为："《长白丛书》已经成为一个品牌，与西北研究同列全国之首。"（1999年12月在《长白丛书》工作规划会议上的发言）目前，《长白丛书》已被收藏于日本、俄罗斯、美国、德国、英国、加拿大、澳大利亚、韩国及东南亚各国多所学府和研究机构，并深受海内外史学研究者的关注。

为了更好地传承和弘扬优秀地域文化，再现《丛书》在"面向吉林，服务桑梓"方面的传统与特色，2010年前后，我与时任吉林文史出版社社长的徐潜先生就曾多次动议启动出版《长白丛书精品集》，并做了相应的前期准备工作，后因出版资助经费落实有困难而一再拖延。2020年，以十年前的动议与前期工作为基础，在吉林省省级文化发展专项资金的资助下，北华大学东亚历史与文献研究中心与吉林文史出版社共同议定以《长白丛书》为文献基础，从《丛书》已出版的图书中优选数十种具有代表性的文献图书和研究著述合编为《长白文库》加以出版。

《长白文库》是在新的历史发展时期对《长白丛书》的一种文化传承和创新，《长白丛书》仍将以推出地方文化精华和学术研究精品为目标，延续东北地域文化的文脉。

《长白文库》以《长白丛书》刊印 40 年来广受社会各界关注的地方文化图书为入选标准，第一期选择约 30 部反映吉林地域传统文化精华的图书，充分展现白山松水孕育的地域传统文化之风貌，为当代传统文化传承提供丰厚的文化滋养，是一件功在当代、利在千秋的文化盛举。

盛世兴文，文以载道。保存和延续优秀传统文化的文脉，是人文社会科学研究者的社会责任和学术使命，《长白丛书》在创立之时，就得到省内外多所高校诸多学界前辈的关注和提携，"开发乡邦文献，弘扬地方文化"成为 20 世纪 80 年代一批志同道合的老一辈学者的共同奋斗目标，没有他们当初的默默耕耘和艰辛努力，就没有今天《长白丛书》这样一个存续 40 年的地方文化品牌的荣耀。"独行快，众行远"，这次在组建《长白文库》编委会的过程中，受邀的各位学者都表达了对这项工作的肯定和支持，慨然应允出任编委会委员，并对《长白文库》的编辑工作提出了诸多真知灼见，这是学界同道对《丛书》多年情感的流露，也是对即将问世的《长白文库》的期许。

感谢原吉林师范学院、现北华大学 40 年来对《丛书》的投入与支持，感谢吉林文史出版社历届领导的精诚合作，感谢学界同人对《丛书》的关心与帮助！

郑　毅

谨序于北华大学东亚历史与文献研究中心

2020 年 7 月 1 日

目　录

点校前言

《吉林志略》（原名《吉林省志略》），上、下两卷。清代袁昶刊刻。渐西村舍本。

袁氏，安徽桐庐人，字爽秋，光绪进士。官户部主事，寻擢至太常寺卿，庚子反义和团被诛。

本书上卷，载录了光绪初年吉林将军铭安有关政务选官添缺的奏折及皇帝的批文；下卷辑录了关于吉林舆地道里及贡品等事。如吉林每岁进贡物产清册，接驾及恭贺万岁进贡物产开列在内。

书中某些内容，《吉林通志》亦有收录，但只撮其要，记载十分简略。如本书用了整整一卷的篇幅，详细记叙吉林将军铭安有关选官添缺奏折的批转情由过程，而《吉林通志》则只于每一应添改缺，撮其旨要，数语叙及。不似本书首尾兼及，叙述完整，能使读者有一完整概念。

本书和《吉林通志》也可互为表里，如记珲春的武备情况，本书分为官、兵、装备三项，分开叙述，而《通志》则总合一起。二者各有长短，可资相互补充。

全书虽为第一手档案卷宗材料，但编排较为杂乱，且全书缺乏目录，颇不便检索。

此次重刊，在标点分段的基础上，整理了行文中的衍夺、讹误之处，应删的字，用（）号括上，应添的字用〔〕括上，书后附有校记。

本书承蒙中国地方史志协会副会长董一博先生题签，书曰《吉林志略》。

本书由吉林师范学院古籍研究所所长李澍田副教授主点，陈见微初点，杨桂林先生复校。

由于水平有限，定有很多错误，望读者批评指正。

吉林志略　上

　　光绪八年六月初七日，奉到吏部，为知照事，文选司案呈内阁，抄出吉林将军铭〔安〕等奏请添设吉林府知府等缺遵旨会奏一折，于光绪八年五月二十日具奏。奉旨：依议。钦此。相应粘连原奏，知照可也，须至咨者。

　　计粘连原奏一纸。

　　吏部等部谨奏，为遵旨会议具奏事。内阁抄出吉林将军铭安等奏称：窃奴才前以吉省应设民官甚多，因本地筹款维艰，势难一齐举办，先请添设宾州厅、五常厅、敦化县三处正印教佐等官。当于光绪六年十二月初八日专折具奏，奉旨饬部核准，并由奴才委员试署在案。现在收取荒价，劝办斗税，又历一年，积有成数。所有应行添设升改各缺，自当及时拟议，请旨遵行。

　　查双城堡地方，距省四百余里，为省城东北之门户。界外均有民官治理，惟该堡与拉林地方公事仍系旗员经管，未免向隅。奴才（扎）〔札〕派差委道顾肇熙前往查勘，何处可以添官建署，饬令绘图禀复。去后，旋据该道禀称，遵查双城堡在省城东北四百八十里，本属拉林旧地，自嘉庆年间移拨京旗，设立村屯，划归堡属者，东西相距一百三十里，南北相距七十里，四面仍皆拉林界。现在堡城商贾云集，户口繁多，较拉林为盛，自应在该堡城内添设民官，以资抚缉。拉林但设分防，足以佐治。惟地界则当并拉林所属，统归双城管辖，方觉整齐。东面本与阿勒楚喀以古城店分界。古城店之东，今属宾州厅界，店西应属双城。东南本与五常堡以莫勒恩河分界。河南今属五常厅界，河北应属双城。南面、西面均与伯都讷以拉林河分界。河南、河西为伯都讷厅界，河东、河北应属双城，北面本与黑龙江以松花江分界，江北为呼兰厅界，江南应属双城。如此划分，双城地势实居拉林之适中，为省北之屏障。形势宏敞，庶务殷繁，将来建立衙署监狱，以及巡检捕衙，修造城垣、祠庙，均有隙地，足敷布置。第东南距拉林一隅有远在百里以外者，尚恐鞭长莫及，兼顾难周。应请于拉林地方设立分防衙署，缉捕之余，借资佐理等语。并绘具地图，复禀前来。奴才前请在双城堡、拉林地方添设抚民通判、分防巡检等官，并拟将堡城总管一缺裁撤，改设协领一员，业经附片沥陈，仰蒙俞允在案。既据该道复勘明确，禀称双城堡商贾辐辏，事务殷繁，亟须添设民官，以资治理。请仍照前奏，在双城堡设立抚民（同）〔通〕判一员，名曰双城厅。另设巡检（监）〔兼〕司狱事一员，管理监狱；训导一员，振兴学校。拉林分设巡检一员，向归双城厅统属。其双城堡原设总管一缺即请裁撤，改设协领一员，专司缉捕及一切旗务。除双城、拉林土税一项照新设宾州、五常各厅均归旗署征解之例，仍应由双城、拉林旗署征解外，其余一切租税均归新设民官征收，词讼、命盗案件均归民官审理，以一事权。此双城堡、拉林拟设厅官、教佐各员之情形也。

又查伊通距省二百余里，为省西最要咽喉，向归吉林厅管辖。地方辽阔，治理难周，必须添设民官，划疆分治，方能通声教而辑人民。奴才（扎）〔札〕派差委道顾肇熙、本任吉林厅同知善庆前往查勘，何处可以添官建署，饬令绘图禀复。去后，旋据该道等禀称，勘得伊通河在省西二百八十里，西至威远堡门二百七十里，系奉天界，北至长春厅一百余里，南至围场荒地二百余里，为长、吉两厅之门户，吉、黑两省之通衢，前山后河，中有大道，势极扼要当冲，商贾云集，居民栉比。覆勘周围，东西南北三里，能于此处修城建署，并设仓库、监狱、学署、祠庙，确于地理相宜。至于勘分界址，正南至小伊通河七十里，河南属奉天界，河北属伊通。正西至威远堡门二百七十里，门西属奉天界，门东属伊通。东南至那尔叫岭三百四十里，岭南属吉林，岭北属伊通。西南至黑瞎子背岭三十里，岭南属奉天，岭北属伊通。西北至二十家子边壕，壕北属奉天界，壕南属伊通。正东自距伊通五十里之石头河子分界，河东属吉林，河西属伊通。东北自距伊通一百三十里之小河台边壕分界，壕东属吉林，壕西属伊通。如此划分，似属整齐。惟伊通河设立有司衙门，距围场二三百里，难期兼顾。今勘得迤南一百六十里之磨盘山，东西宽三里，南北长五里，前通当石河，至辉发河入大江，后靠椅子等山，局势宽平，居围荒之适中，亦宜添设分防，以辅其治。伊通即拟添设正印官，则所分界内旧有租赋，自应均归新设之员经征。除俟围荒放竣后，照例升科报部，归伊通征租外，所有石头河子、小河台迤西、迤南现拟与吉林厅分界之处，应征地丁银米约数在二万零五百两有奇，均划归伊通经征，以期抚字催科，责成并重。惟吉林厅原征赋额不过五万两有奇，今遽划出少半，亦应设法筹补。查围场边荒，前于咸丰、同治年间，先后出放荒地十牌，共地六万七千三百余坰。

现在该处正当勘丈，并浮多计之，约在十万垧。此项地亩，每垧向收大租钱六百文，小租钱六十文，由户司经征，而地属吉林厅管辖，遇有佃民词讼事件，均归厅官管理。如将大小租拨归吉林厅征收，实属民官两便等语。并绘县地图，禀复前来。奴才详核该道等所禀各节，均尚妥协。即请在伊通设立知州一员，名曰伊通州，该处旧有吉林分防巡检一员，改为吏目，管理伊通监狱。添设训导一员，振兴学校。磨盘山分设巡检一员，即由伊通州统属。至勘分界址及经征租赋，审理词讼，悉应如所禀办理。此伊通、磨盘山拟设正印教佐各官之情形也。

夫新设各缺既已措置，咸宜治理，可期一律。而旧设三厅，亦应变通，尽利政教，庶免两歧。溯查奴才前奏变通官制、增设府、厅、州、县一折，奉到部咨。内开：该将军请将吉林厅理事同知升为府治，改设分府。原设吉林厅巡检改为府经历，兼管司狱事。伯都讷原设理事同知改为抚民同知，原设孤榆树巡检兼管司狱事。长春厅原设理事（同）通判改为抚民同知，原设巡检兼管司狱事。农安添设分防照磨一员，靠山屯添设分防经历一员。并据奏称，吉林三厅向专管旗人户婚各事，皆用理事人员。今民户众多，政务殷繁，与从前情形不同。请与新设之同、通州县均加理事衔，满、汉兼用之处，自系因地制宜，整顿吏治起见。惟添设改设各缺，总期官民相安，方臻妥善。应请旨，饬令该将军体察情形，通筹全局，详细分别，奏明办理等因。奏奉谕旨：依议。钦此。钦遵。咨行前来。伏思吉林厅理事同知驻守省垣，幅员辽阔，管辖本属难周，且近来荒地日开，民居日密，户婚、词讼、命盗之案，倍多于前，只以同知独任其事，权轻责重，地宽事繁，难免有顾此失彼之虞。拟请将吉林厅理事同知一缺升为府治，改设知府，名曰吉林府，仿照热河承德府、奉天昌图府之例，仍归地面词讼钱粮各事，新设之伊通州归其统属。并将原设吉林巡检一缺升为府经历，管司狱事。学正一缺升为府教授，以符体制。其吉林府应分界址，东至张广才岭为界，计二百里，外至敦化县。东南至桦树林子荒为界，外至官山。西南至太阳川为界，计二百余里，外至伊通州。西至石头河子为界，计二百三十里，外至伊通州。西北至小河台为界，计二百一十里，外至长春厅。北至法特哈边门为界，计二百一十里，外至伯都讷。东北至舒兰荒耘字四牌为界，外至五常厅。如此划明疆界，各专责成，庶免互相推委。至伯都讷厅理事同知一缺，照原奏改为抚民同知，加理事衔。长春厅理事通判一缺，毋庸升为抚民同知，请改为抚民通判，加理事衔。农安地当冲要，生聚日繁，请照原奏添设分防照磨一员，归长春厅统属。靠山地方民户无多，该厅可以兼顾，毋庸另设分防经历。此吉林旧设三厅拟请升改各官之情形也。

惟本年十月十一日，接准吏部咨开：以奉天向无理事同知、通判员缺，准其拣发曾任正途，不分满、汉，酌量补。明文该将军，请将吉林理事同、通三厅，仿照奉天章程，由拣发曾任实缺正途，不分满、汉，酌量补用之处，应毋庸议等因。维时，吉林旧设三厅，尚未奏明请升改，均系理事同知、通判，格于成例，是以吏部奏驳。查奉天昌图厅同知改为知府，请由外拣员升补。兴京理事通判改为抚民同知，亦请不论满、汉兼用，均加理事衔，照例将拣发人员请补，均经吏部奏准在案。现在吉林厅理事同知升为知府，应请仍照奉天昌图府之例，由外拣员升补。伯都讷厅改为抚民同知，长春厅改为抚民通判，亦请仿照奉天、兴京抚民同知之例，仍请由拣发曾任实缺各员，不论满、汉，酌量补用。庶与新设各厅、州、县统归一律，实于政治有裨。以上添设升改正印教佐各官，如蒙俞允，应请旨饬部铸造关防印信钤记，迅即颁发，以昭信守。其定缺分、筹廉俸、修城垣、建衙署、兴学校、设弁兵，应行详议章程，谨另缮清单，恭呈御览。并绘具双城堡、伊通各处地图、贴说，咨呈军机处备（杳）〔查〕。合无仰恳天恩，饬部迅速议复，以便奴才奉到部文，即行遴委妥员，奏明试办试署。俟二三年后，如果办理裕如，再请实授各官应发廉俸、役食、勇粮及修建各项工程。仍请照奴才前奏，照数概发实银，以重地方，而求实济。其余未尽事宜，奴才当再随时体察情形，悉心筹划，妥议再奏。除宁古塔、三姓、珲春等处应设民官，由奴才致函督办宁古塔等处事宜太仆寺卿吴大澂，就近体察情形，妥商定拟，再行另折奏闻等因。

光绪七年十二月初九日，军机大臣奉旨：该部议奏单一件、片四件并发。钦此。钦遵。抄出到部。

查吉林地方前据该将军奏称：近年以来，民愈穷而愈悍，贼愈剿而愈滋，若不亟设民官，划疆分治，政刑以化其梗顽，教养以遂其生成，专恃武功，抚驭失宜，不惟重繁兵力，且恐若火燎原，益难扑灭。奴才与所属文武绅耆悉心讨论，皆以为地广人多，非有地方亲民之官，不足资治理。拟请以尤为冲要之区，酌中设立厅、县教佐等官，并将吉林厅升为府治，长春厅通判改为同知，俾资治理。协、佐、防、校等官不准干预地方词讼，以示限制，而一事权。惟添设厅、县，则创茸城垣等项所费不赀，当此库款支绌之时，断不能另请拨款，只有就地兴利，以本地所筹供本地所需。现已派员前往查勘荒地，照章改收押荒，并试办斗税。拟以斗税、荒价二款作为添官一切之用度，将来廉俸各项用款，亦由斗税、荒租项下动支。所有拟添之官，须俟款项筹有端倪，方能陆续添设等因。当经臣部查勘，该将军所奏添设各缺及请加理事衔，满、汉兼用之处，自系因地制宜，整顿吏治起见，惟添设改设各缺，总期官民相安，方臻妥善。应请旨饬下该署将军，体察情形，通筹全局，详细分别，奏明办理等因。光绪四年十二月十八日具奏。奉旨：依议。钦此。钦遵。在案。

旋据该将军奏称：阿勒楚喀、五常堡、阿克敦城三处，放荒已著有成效，生聚日繁，商贾辐辏，亟应添设民官委员试办。请在苇子沟等处设立宾州厅抚民同知等缺。经臣部会同各部议准，于光绪七年六月二十日具奏。奉旨：依议。钦此。钦遵。亦在案。

今复据该将军奏称：现在收取荒价，劝办斗税，又历一年，积有成数，所有应行添设升改各缺，自当即时拟议。

查双城堡地方，商贾辐辏，事务殷繁，添设民官以资治理。请在双城堡设立抚民通判一员，名曰双城厅。另设巡检兼司狱事一员，管理监狱。训〔导〕一员，振兴学校，拉林分设巡检一员。

又查伊通距省二百余里，为省西最要咽喉，向归吉林厅管辖。地方辽阔，治理难周，必须添设民官，划疆分治，方能通声教而辑人民。即请在伊通设立知州一员，名曰伊通州。该处旧有吉林分防巡检一员，改为吏目，管理伊通监狱。训导一员，振兴学校。磨盘山分防巡检一员，即由伊通州统属。

复思吉林厅理事同知驻守省垣，幅员辽阔，管辖本属难周，且近年荒地日开，民居日密，户婚、词讼、命盗之案倍多于前，只一同知，独任其事，权轻责重，地广事繁，难免有顾此失彼之虞。拟请吉林厅理事同知一缺升为府治，改设知府，名曰吉林府。并将原设巡检一缺升为府经历，管司狱事。学正一缺升为府教授，以符体制。至伯都讷厅理事同知一缺，改为抚民同知，加理事衔。长春厅理事通判一缺，改为抚民通判，加理事衔。农安地当冲要，生聚日繁，请添设分防照磨一员，归长春厅统属等语。查该将军系为慎重边地、因事制宜起见，自应准如所请。于双城地方添设双城厅抚民通判一缺，巡检兼司狱事一缺，训导一缺，拉林分防巡检一缺，伊通添设伊通知州一缺，并将伊通分防巡检一缺即行裁撤，添设伊通州吏目一缺，管理监狱。训导一缺，磨盘山分防巡检一缺，均归伊通州管辖。吉林厅理事同知一缺亦即裁撤，添设吉林府知府一缺。吉林厅原设巡检一缺即行裁撤，添设府经历一缺，管司狱事。学正一缺即行裁撤，添设府教授一缺。并将伯都讷理事同知一缺改为抚民同知，长春厅理事通判一缺改为抚民通判。农安地方添设（通判）〔分防〕照磨一员，归长春厅统属。并准将新设之伯都讷抚民同知、长春厅抚民通判二缺，均加理事衔。今即将伯都讷理事各缺改为抚民，此外别无理事员缺。其前次拣发到省，尚未补缺之理事同知、通判各员，无缺可补，应即撤回，令其赴部，各归原班，分别办理。至现任吉林理事同知、伯都讷理事同知、长春厅理事通判各缺，既经裁撤，其现任之员亦即撤回留省，归入裁缺，即用班内另补。所有添设之双城厅训导、伊通州训导二缺，均应作为经制之缺。并将升设吉林府教授一缺，均俟命下之日，臣部照例归于月分铨选。所有添设改设各缺，现委何员试署，应令该将军详细奏明报部。其双城堡城总管一缺裁撤，改设协领一员，专司缉捕及一切旗务。兵部查吉林、双城堡原设副都统衔总管一员，佐领七员，骁骑校八员，由佐领内委派协领二员，由骁骑校内派委佐领一员、委防御二员。嗣经将军铭安等奏：双城堡拟设厅官，地方一切事宜归其经理，而总管无所事行，且职分较崇，与厅官同城办事，亦多窒碍。拟请仍于该处改设协领一员，专司缉捕及一切旗务等因。

光绪七年十月十七日军机大臣奉旨：著照所请，该部知道。钦此。钦遵。在案。

今原奏内称：双城堡事务殷繁，请添抚民通判等官，以资治理。其双城堡原设总管一缺，即请裁撤，改设协领一员，专司缉捕及一切旗务。除双城、拉林土税一项仍由旗署征解外，其余一切租税均归新设民官征收，词讼命盗案件均归民官审理等语。臣等复加核议，将军所请，系为因时制宜起见，自应仍遵上年谕旨，将双城堡副都统衔总管裁撤，改设协领，专司旗务。惟查双城堡总管，系请旨简放缺，现（现）任总管清瑞业经出缺。其新改协领一缺，应由该将军于应升人员内照例拣选，至拟定正陪，咨部转行该旗，带领引见补放，以符定制。新改协领，专司缉捕及征收土税，倘有疏防并经征不力，应令奏参交部议处。一切租税均归新设民官征收。

户部原奏内称：双城堡添设抚民通判一员，请将原设民（管）〔官〕一缺撤裁，改设协领一员，专司缉捕及一切旗务。除双城、拉林土税一项照新设宾州、五常各厅均归旗署征解之例，应由双城、拉林旗署征解外，其余一切租税均归新设民官征收。查该将军前奏请添设宾州、五常各厅事宜折内，并未议及土税归旗署征收。今此次奏添双城厅抚民通判一员，将原设总管一缺裁撤，改设协领一员，专司缉捕、旗务，一切租税均归新设民官征收。旗民分治，尚属责有攸归，何以将土税一项又归旗署征收办理，殊欠划一。且查核将军变通官制折内声明：将来民官设齐，所有民地钱粮词讼专归该厅州县经管，协、佐、防、校等官只准管理旗务，缉捕盗贼，不准干预地方公事，以示限制。再查前添宾州、五常（五）各厅应征土税一项，并无奏明归旗署征收案据。所有此次添设抚民通判一员，该地方应征一切租税等款，均准其归于新设民官经征，旗员不准干预。仍将先后添改府、厅、州、县等官，分管经征各项租赋钱粮，每年征收数目，赶紧分界造具租税名目、钱粮，各细数清册，专案送部，以凭计核，勿稍迟延遗漏。一切命盗案件、户婚、田土，刑部查官员经理一切命盗案件定例，已载有明文。

今该将军请于双城地方添设双城厅抚民通判一缺，巡检兼司狱事一缺，拉林分防巡检一缺。伊通添设伊通州知州一缺，吏目一缺，管理监狱，磨盘山分防巡检一缺。吉林厅改设吉林府知府一缺，府经历一缺，管司狱事，并将伯都讷理事同知、长春厅理事通判改为抚民同知、通判，加理事衔。农安地方添设分防照磨一缺，系为边地辽阔、划疆分治起见。所有一切命盗案件，应令新设之官各专责成，查照定例办理。臣部查其各案参限，均应按照例定限期扣限查参，随时报部，以凭核议。户部查原奏内称：添改府、厅等官，既经吏部议准添设，所有地方户婚、田土细故，应如该将军所请，准其各按疆界审理。仍将划分界限，经征一切租税等款钱粮数目，及各处所管界限村屯、旗民户口、乡保花名，分别造具细册，先行专案送部，以凭稽核。添设升设正印教佐各官，铸造关防印信钤记，礼部查定例，文武官员印信由吏、兵二部议准，撰拟字样，送部铸造等语。今吉林双城堡总管一缺裁撤，改设协领一员。又添设双城厅抚民通判一缺，巡检（监）〔兼〕司狱事一缺，训导一缺，拉林分防巡检一缺，伊通州知州一缺。伊通分防巡检一缺裁撤，添设伊通州吏目，管理监狱，训导一缺，磨盘山分防巡检一缺。又吉林厅理事同知一缺裁撤，添设吉林府知府一缺。原设巡检一缺裁撤，添设府经历，管司狱事。学正一缺升为府教授。至伯都讷理事同知一缺改为抚民同知，长春厅理事通判一缺改为抚民通判，农安添设分防照磨一缺。既经吏、兵二部议准，自应铸给双城堡协领关防一颗、双城厅抚民通判关防一颗、巡检兼司狱事印一颗、儒学条记一颗、拉林巡检司印一颗、伊通州印一颗、伊通州吏目条记一颗、儒学条记一颗、磨盘山巡检司印一颗、吉林府印一颗、府经历管司狱事印一颗、府儒学印一颗、伯都讷抚民同知关防一颗、长春厅抚民通判关防一颗、农安分防照磨印一颗，以昭信守。恭候命下，由吏、兵二部撰拟字样，送部铸造。其原颁之吉林双城堡总管关防、伊通分防巡检司印、吉林厅理事同知关防、吉林厅巡检司印、吉林厅学正条记、伯都讷厅理事同知关防、长春厅理事通判关防，俟新铸印信关防颁到时行镌刻、缴字送部销毁。所有定缺分、筹廉俸、修城垣、建衙署、兴学校、设弁兵各事宜，另缮夹单，恭呈御览。其余一切未尽事宜，应令该将军等详细妥议章程，奏明办理。谨将臣等遵旨会议缘由，缮折具奏，伏乞圣鉴训示遵行。

再，此折系吏部主稿，会同各部办理，合并声明。谨奏。

仅将臣等遵旨核议吉林将军铭安奏请将吉林厅升为府治，并添设改设同、通、教、佐等官，筹廉俸、修城垣、建衙署、兴学校、设弁兵各事宜，敬缮清单，恭呈御览。

一、各缺繁简应详定也

查吉林厅理事同知，本系中缺，今拟升为吉林府知府，管辖一州，并自理地面各事，政务既繁，责任尤重，应请定为繁疲难题调要缺。伯都讷厅理事同知系中缺，今拟改为抚民同知，加理事衔。该厅所管地面俱系边地要区，蒙民兼理，应请定为繁疲难题调近边要缺。长春厅理事通判本系要缺，今拟改为抚民通判，加理事衔。该厅地当冲要，蒙民杂处，政务殷繁，应请定为冲繁难题调近边要缺。其添设之双城厅抚民通判，请加理事同知衔。该厅兼辖拉林，地宽民疲，复有自理地方之责，应请定为疲难中缺。新设之伊通州知州，请加理事同知衔。该州地系通衢，事务繁重，应请定为冲繁难题调近边要缺。以上各缺，惟双城厅遇有缺出，照例归部拣补。如本省有应补人员，亦准由外扣留，以候补委用人员奏补。其吉林府、伯都讷厅、长春厅、伊通州均查照吏部前次议复宾州等厅之例，遇有缺出，俱准升调兼行，应由该将军酌量具题。如无合例堪以升调之员，准于候补并拣发委用人员内，不论满、汉，拣员题补。均照例定为三年俸满，著有成效，即由该将军出具考语，知府则送部引见，候旨简用。同知、通判、知州，则保荐以应升之缺升用之。新设分防农安照磨一缺，拉林、磨盘山巡检二缺，及伯都讷旧设巡检一缺，亦均分司巡缉，兼理词讼。吉林府经历一缺，孤榆树屯、长春厅、双城厅、伊通州管狱巡检吏目四缺，虽无地方之责，而监狱尤关紧要。除双城厅及拉林巡检作为中缺外，其余均作为要缺，请于通省候补拣发人员内酌量补用。三年俸满，历准保题升用。如不称职，分别撤参，以示劝惩等因。吏部查定例，内载各省知县以上官员，如遇例应题调缺出，俱准升调兼行，听该督抚酌量具题。又各省道府同知、直隶州知州、通判（知州），如系奉旨命往，或督抚明题留于该省候补者，并试用人员因军功出力保奏，先尽补用。及同知以下各官拿获盗犯等项，引见发往原省，以何项补用，并著有劳绩，经该督抚保奏，奉旨尽先补用。遇缺即补者，均毋论应题、应调、应选之缺，令该督抚酌量才具，择其人地相宜者，悉准先尽补用。又佐杂等官，惟咨报要缺者，令该督抚于现任内拣选调补。其有命往以佐杂补用，及留于该省候补，并曾经咨署得缺，未经实授，缘事离任仍赴原省者，亦准酌量拣选补用。又佐杂等官，如遇部选缺出，用候补一人、委用一人、捐纳一人，候补一人、委用一人、捐纳一人、捐输一人，候补一人、委用一人、议叙一人，按班挨补。

又奉天昌图厅通判、照磨一缺，定为三年俸满。如果著有成效，令该府尹等详加察看，出具切实考语咨部，以应升之缺归入即升班内，令其在任候升。其才不胜任者，即随时撤回，另行拣员升补等各语。

又奏定章程内开：道府同知、直隶州通判，遇轮补、升、调、遗、病、故、休选缺，先尽候补班前酌补一人，次将候补正班酌补一人。如遇改、教，调补选，亦将候补班前与候补正班酌量请补。丁忧、终养、回避撤回选缺，先尽正途出身之记名分发人员酌补。如记名分发无人，始准以各项候补班前、候补正班酌补。

又昌图厅同知，原系昌图理事通判，嗣经奏定，改为边海抚民同知，加四品衔，管同知事，作为最要题调之缺，在奉天通省同知、通判、州县内，择其在奉年久、熟悉情形之员，奏请升调。如遇通判、州县保升者，令其送部引见，恭候钦定。均俟三年边俸期满，如果著有成效，由该府尹等将实在政绩详细声叙，出具切实考语，送部引见，以知府升用。倘升调之员未能胜任，立即调回，毋庸拘于年限等因。同治三年四月十五日具奏。奉旨：依议。钦此。

又奏定将昌图厅经历应照昌图厅同知，俸满即升办理。俟三年俸满，如无违碍处分，令该兼管府尹等出具切实考语，咨部开缺，以应升之缺升用。未升以前，仍以原官补用。其有调补之员，如不胜任，立即调回，另行遴员补其额。勒克巡检，三年俸满，咨部开缺，应照昌图厅经历一律办理。惟梨树城照磨，该省并无升途，亦无原官可补，自应仍照定例：三年俸满，如果著有成效，令该府尹等详加察看，出具切实考语咨部，以应升之缺归入即升班内，令其在任候升。其才不胜任者，即随时撤回，另行拣员升补等因。

又奏定奉天变通吏治章程内开：知府、同知、通州县等官，自应比照奉天治中、同知等官之例，量加推广。均定为三年俸满，如果著有成效，令该兼官府尹等详加察看，出具切实考语，具题到部，入于即升班内升用，仍在任候升。如俸满保荐后，有愿捐升阶候选及指省候补者，均照筹饷例内即升人员报捐之例办理。

又昌图府知府原系昌图厅抚民同知，嗣经奏请，升为昌图府知府，定为繁疲难题调边要之缺，由外拣员升补。照原设同知之例，三年俸满，著有成效，由督抚出具考语，送部引见，候旨简用等因，各在案。

今据该将军奏称：吉林府知府管辖一州，并自理地面各事，政务既繁，责任尤重，应请定为繁疲难题调要缺。伯都讷抚民同知加理事衔，该厅所管地面俱系边地要区，蒙民兼理。应定为繁疲难题调近边要缺。长春厅抚民通判加理事衔，该厅地当冲要，蒙民杂处，政务殷繁，应请定为冲繁难题调近边要缺。其添设之双城厅抚民通判，请加理事同知衔，该厅兼管拉林，地宽民疲，复有自理地方自责，应请定为疲难中缺。

新设之伊通州知州，请加理事同知衔，该州地系通衢，事务繁重，请定为冲繁难题调近边要缺。双城厅遇有缺出，照例归部拣补。如本省有应补人员，亦准由外扣留，以候补委用人员奏补。其吉林府、伯都讷厅、长春厅、伊通州均遇有缺出，俱准升调兼行，应由将军酌量具题。如无合例堪以升调之员，准于候补并拣发委用人员内，不论满、汉，拣员题补。均照例定为三年俸满，著有成效，即由该将军出具考语，知府则送部引见，候旨简用，同知、通判、知州则保荐以应升之缺升用。至新设农安照磨一缺，拉林、磨盘山巡检二缺，及伯都讷旧设巡检一缺，吉林府经历一缺，孤榆树屯、长春厅、双城厅、伊通州巡检、吏目四缺，虽无地方之责，而监狱尤关紧要，除双城厅及拉林巡检二缺作为中缺外，其余均作为要缺，请于通省候补拣发人员内酌量补用。三年俸满，例准保题升用。如不称职，分别撤参，以示劝惩等因。

　　吏部查该将军系为慎重边缺起见，自应准如所请。将新设之吉林府知府作为繁疲难题调要缺。遇有缺出，由现任人员择其人地相宜者拣选升补，如无合例堪以升补之员，准于候补并拣发曾任实缺委用人员内，不论满、汉，拣员题补。三年俸满，如果著有成效，准照奉天昌图府知府俸满章程办理。令该将军详加察看，出具切实考语，送部引见，候旨升用，仍在任候升。倘升补之员未能胜任，立即撤回，毋庸拘定年限。其伯都讷厅抚民同知作为繁疲难题调近边要缺，长春厅抚民通判、伊通州知州二缺，均准作为冲繁难题调近边要缺。遇有缺出，俱准升调兼行，听该将军酌量具题。如实无堪以升调之员，亦准于候补并拣发委用人员内拣选题补。双城厅抚民通判一缺，准作为疲难中缺，遇有缺出，归部铨选。如该省府有应补之员，亦准扣留，由外按照例章拣选题补。均俟三年俸满，准照奉天变通吏治章程办理。如果著有成效，令该将军等详加查看，出具切实考语，具题到部，入于即升班内升用，仍在任候升，并均加理事同知衔，以便旗民兼管。至新设之长春厅分防农安照磨一缺，及吉林府经历一缺，磨盘山巡检一缺，伊通州吏目一缺，均准作为要缺。其伯都讷、孤榆树屯、长春厅巡检三缺，原系部选之缺，应准其改作为要缺，遇有缺出，于通省人员内拣选调补，或由候补并拣发人员内酌量咨补。惟双城厅、拉林分防巡检二缺，该将军请作为中缺。查各省佐杂并无中简之缺，自应改作为部选之缺，遇有缺出，应请归部铨选。若该省有合例应补之员，亦准扣留，由外照例按班序补。其添设府经历及佐杂各要缺，均俟三年俸满，如无违碍处分，令该将军出具切实考语，咨部开缺，以应升之缺升用。未升以前，仍以原官补用。其无原官可补者，毋庸开缺，令其在任候升。至调补之员，如不胜任，立即调回，另行遴员调补。

一、廉俸役食应详定也

查新设升改府、厅、州正印教佐等官，地处冲要，事务殷繁，所有各官廉俸以及役食等款，自应照章酌给，惟廉俸及办公银两按年支领，毋庸计闰，其工食银照例按月给发，遇闰照加。

今拟吉林府知府养廉银二千两，俸银一百零五两。除祭祀银两及囚粮柴薪照例报销并书吏不给工食外，每年应发工食银：门子二名，十二两，遇闰加一两；皂隶十二名，七十二两，遇闰加六两；民壮二十名，一百二十两，遇闰加十两；马快八名，一百三十四两四钱，遇闰加十一两二钱；轿伞扇夫七名，四十二两，遇闰加三两五钱；禁卒四名，二十四两，遇闰加二两；仵作二名，十二两，遇闰加一两；更夫五名，三十两，遇闰加二两五钱；铺兵二名，十二两，遇闰加一两。一府共需实银二千六百零一两六钱，无闰扣银三十八两二钱。

又新设双城厅抚民通判酌定养廉银八百两，俸银六十两，办公银二百两。除祭祀银两及囚粮柴薪照例报销并书吏不给工食外，每年应领工食银：门子二名，十二两，遇闰加一两；皂隶十二名，七十二两，遇闰加六两；民壮二十名，一百二十两，遇闰加十两；马快八名，一百三十四两四钱，遇闰加十一两二钱；轿伞扇夫七名，四十二两，遇闰加三两五钱；禁卒四名，二十四两，遇闰加二两；仵作二名，十二两，遇闰加一两；更夫五名，三十两，遇闰加二两五钱。一厅共需实银一千五百四十三两六钱，无闰除三十七两二钱。

又新设伊通州知州酌定养廉银八百两，俸银八十两，办公银二百两。除祭祀银两及囚粮柴薪照例报销并书吏不给工食外，每年应给工食银：门子二名，十二两，遇闰加一两；皂隶十二名，七十二两，遇闰加六两；民壮二十名，一百二十两，遇闰加十两；马快八名，一百三十四两四钱，遇闰加十一两二钱；轿伞扇夫七名，四十二两，遇闰加三两五钱；禁卒四名，二十四两，遇闰加二两；仵作二名，十二两，遇闰加一两；更夫五名，三十两，遇闰加二两五钱。一州共需实银一千五百六十三两六钱，无闰除银三十七两二钱。

又吉林府经历兼司狱一员，应岁支养廉银一百二十两，俸银四十两；门子一名，六两，遇闰加五钱；皂隶四名，二十四两，遇闰加二两；马夫一名，六两，遇闰加五钱；民壮十六名，九十六两，遇闰加八两；马快二名，三十三两六钱，遇闰加二两四钱。

共需银三百三十九两四钱，无闰除十三两八钱。

又农安设分防照磨一员，应岁支养廉银七十一两五钱二分，俸银三十一两五钱二分；门子一名，六两，遇闰加五钱；皂隶四名，二十四两，遇闰加二两；马夫一名，六两，遇闰加五钱；弓兵十六名，九十六两，遇闰加八两。共需银二百四十六两零四分，无闰除银十一两。

又双城厅设管狱巡检、伊通州设管狱吏目各一员，拉林、磨盘山各设分防巡检一员，每员应岁支养廉银七十一两五钱二分，俸银三十一两五钱二分。各应：门子一名，六两，遇闰加五钱；皂隶四名，二十四两，遇闰加二两；民壮四名，二十四两，遇闰加二两；马夫一名，六两，遇闰加五钱。每巡检一员各需银一百六十八两零四分，无闰各除银五钱。

又吉林府改设府教授一员，岁支俸银四十五两。双城厅、伊通州各设训导一员，每员各应岁支俸银四十两。每学：门子二名，十二两，遇闰加一两；斋夫六名，三十六两，遇闰加三两；马夫一名，六两，遇闰加五钱；膳夫一名，六两六钱六分七厘，遇闰加五钱五分；教授一员，岁需银一百一十两七钱一分七厘，训导各需银一百零五两七钱一分七厘，无闰除银五两零五分。

以上府、厅、州正印教佐等官，无闰之年共应支廉俸、办公、役食实银七千一百十六两零一厘，遇闰支实银七千二百八十八两五钱五分一厘，均在斗税项下支销，即由各府、厅、州照数按季支用实银，以资办公。

现在吉林厅同知升为知府，巡检升为府经历，教谕升为府教授各一员，及伊通州分防巡检改为管狱吏目一员，廉俸、役食银两既由斗税项下支销，其向在俸饷内应领各项，概行停止。其伯都讷、长春两厅抚民同知二员，及管狱分防巡检三员、训导二员，应领廉俸等项均仍其旧，由俸饷内支销。

户部查原单内称：改设吉林府养廉银二千两，俸银一百零五两。又新设双城厅抚民通判养廉银八百两，俸银六十两，办公银二百两。伊通州知州养廉银八百两，俸银八十两，办公银二百两。吉林府经历兼司狱养廉银一百二十两，俸银四十两。又农安分防照磨养廉银七十一两五钱二分，俸银三十一两五钱二分。又双城厅管狱巡检，伊通（判）〔州〕管狱吏目，拉林、磨盘山分防巡检，每员养廉银七十一两五钱二分，俸银三十一两五钱二分。又吉林府教授俸银四十五两，双城厅、伊通州训导俸银各四十两。并应发门、皂、马快、夫役人等工食等银，每年需银七千一百十六两零，遇闰加支银一百七十两零，由斗税项下开支，其向在俸饷内应领各项概行停止。其伯都讷、长春两厅抚民同知二员及管狱分防巡检三员、训导二员，应领廉俸等项，均仍其旧，由俸饷内支销。

查吉林通省官俸现放章程：官俸每银一两，五成现银，以八折开放，仍扣六分减平。五成银票，每两折京平银二钱五分。又养廉现放章程：将军、副都统、同知等官养廉银两，每两停支一成，其余九成。一半现银，以八折开放，仍扣六分减平。一半银票，折实银二钱五分等因。在案。今吉林改设知府及添设双城厅通判、伊通州知州等官，应需俸银、役食、办公等银，应令该将军遵照该省放款章程给发，仍扣六分减平。

至称此项银两由斗税项下开支，其向在俸饷内应领各项，概行停领。伯都讷、长春二厅同知等官应领廉俸等项照旧，仍在俸饷内支销。查该省原设及新设各官应支廉俸，自应均在俸饷内支销。若原在俸饷支销者概行停止，又将伯都讷、长春二厅同知等官廉俸等项在俸饷内支销，似此办理两歧，必致题销俸饷时碍难稽核。且同系廉俸，新设各官由斗税项下支销，自应将斗税列入俸饷收款，一律开放，毋庸分案办理，以免分歧，而归划一。

一、修筑城垣应详定也

查伊通地方本系村镇，向无城垣以资保卫。今既作为州治，拟于该处修筑土城。分开城门，用砖坚砌，上盖城门楼各一座，城根用石块填砌，城墙现用土坚筑，顶灰土，垛口用砖砌成，周围约以三里为度。从减核估，城垣一座，约需工料实银一万四千余两。城外挑挖城河一道，约需工价实银三千余两。统计伊通州修筑城垣及挑挖城河，共需工料实银一万七千数百余两，即由荒价项下支销。现因款项不敷，是以先筑土城，俟荒价一项收有盈余，再行续估，将城垣用石块包砌，以期坚固。

至双城堡地方，旧有土城，今改为厅治，自无须另行修筑。

户部查吉林省建修各项工程应需工料银两，向章每两减扣四成，发给六成，银两仍扣六分减平，历经照办在案。今该将军奏请修筑伊通城垣及挑挖河道等项工程所需工料银两，拟称由荒价项下支销，应令该将军查照该省放款章程，核实删减给发。仍即造册加结，送部稽核，以重课款。

工部查该将军奏请伊通地方修筑城垣等工，既经作为州治，自应准其建盖，行令该将军遵照。即将前项城垣各工，专案报部，照例题估题销。

一、建置衙署宜详定也

查新设厅、州佐杂等官，自应建立衙署，俾资办公。双城厅、伊通州应衙署二座，每座估需实银五千五百余两。伊通管狱吏目旧有分防巡检衙署，现已倾圮，亦需另建，并新设之农安分防照磨、拉林、磨盘山分防巡检、双城厅管狱巡检共五处应建衙署，每座估需实银一千三百两。双城厅、伊通州监狱二座，每座估需银一千五百两。统计建造衙署并监狱共需工料实银二万零数百余两。至文庙、学宫、训导公所，应俟踟择其地基，另行勘估，再行兴办。

户部查吉林省修建各项工程应需工料银两，向章每两（两）减扣四成，给发六成，银两仍扣六分减平，历经照办在案。今该将军奏请建立新设厅州佐杂等官衙署等工所需工料银两，应令该将军查照该省放款章程，核实删减给发。仍将动支实数，专案报部查核。

工部查吉林省新设厅、县佐杂等官，既据吏部议准添设，所有衙署监狱等工，自应准其建盖。行令该将军遵照。即将前项各工，转饬专案报部，照例题估题销。至文庙、学宫、训导公所，仍令该将军俟踟择地基时，再行勘估，专案奏明报部，以凭核办。

一、文武学额应详定也

查双城堡、伊通两处生童，向来均附吉林厅考试，今既双城堡添设抚民通判，伊通添设知州，自应各设学校，培养根本。该处民间结庐耕种，已历多年，既宽以生聚休养之恩，宜被以弦诵诗书之泽，庶可士气振兴，梗顽悉化。拟请双城厅一学酌定文学额二名，武学额二名，由该厅考试，径送院学取进。伊通州一学酌定文学额二名，武学额一名，由该州录送吉林府考试后，再送院考。惟一时均未能修建考栅，该厅州文武童生均赴省城院考，以归简易。

至吉林厅原定并加广文武学额八名，伯都讷厅四名，长春厅六名，武学额三厅共八名。现在吉林厅升为府治，本应仿照奉天昌图府之制，一律增额，缘伊通新设文武学额亦归该府录取，暂可毋庸议增，所有吉林府、伯都讷、长春厅文学额应仍其旧。武学额共八名，应请专拨吉林府四名，伯都讷、长春两厅各二名。以上各处，如将来文风日盛，再设增广学额，以期鼓励人才，咸归敦朴。

礼部查各直省未经设学之边远地方，因生齿日繁，开垦愈广，该将军、督抚请建官设学者，均经臣部议复，准其添设学额有案。

今吉林双城堡添设抚民通判一员，名曰双城厅，伊通设立知州一员，名曰伊通州。既据该将军奏称：该处民间结庐耕种，已历多年，既宽以生聚休养之恩，宜被以弦诵诗书之泽。请定双城厅文学额二名，伊通州文学额二名之处，系为化民成俗起见，应如所请。准其设立双城厅文学额二名，由该厅径送院考取进。伊通州文学二名，由该州录送吉林府考试后，再送院考。一时未能修建考栅，该厅州应试童生均暂赴省城院考。至所称：吉林厅现升府治，本应仿照奉天昌图府之制，一律增额，缘伊通新设学额亦归该府录取，暂可毋庸议增，所有吉林府学额，应仍其旧。将来文风日盛，再设增广学额等因，亦应如所请办理。

兵部查吉林新设双城厅、伊通州文学额，既经礼部议准添设，其武学额自应一律增添。该将军请立双城厅武学额二名，伊通州武学额一名，应准其设立。双城厅武学额二名，由该厅径送院考取进。伊通州武学额一名，由该州录取，送吉林府考试后，再送院考。一时未能修建考栅，该厅州应试童生均暂赴省城院考。

至所称：吉林厅原定并加广武学额八名，请拨吉林府四名，伯都讷、长春两厅各二名等语。查吉林，伯都讷、长春三厅武学原额四名，咸丰五年、九年两次捐输，加永远定额四名，同治十三年，经吉林将军宗室奕榕等奏请，分立专学，拨给吉林厅三名，伯都讷二名，长春厅三名。经臣部核议，奏准在案。今吉林厅升为府治，拟该将军奏请，专拨吉林府四名，伯都讷、长春二厅各二名，亦应如所请办理。

一、增设弁勇应详定也

查新设双城厅、伊通州两处，地广民顽，盗风未息，若专恃皂役人等缉捕，踪访未周，难期得力。必须于各该处设立弁勇，非特可以认真搜捕，并可以镇（押）〔压〕地方。第奉天前设捕盗营马兵，分拨调遣，为数太多，吉省经费不敷，碍难照办。除吉林府驻守省垣，伯都讷、长春两厅设立多年，均毋庸添募弁勇外，拟在双城厅、伊通州每处拣派外委一员，募练步勇五十名，均由该通判、知州自行管带。应发勇粮，即仿照前设宾州厅等处章程。外委委员每月发给实银十二两，步勇每名每月发给饷乾四两。计外委二员，每月应发饷乾实银二十四两。步勇一百名，每月应发勇粮实银四百两。每年共应发饷乾实银五千零八十八两，遇闰加四百二十四两。所有刀矛枪械等项，即由各该处买办，均在斗税项下动支应用。火药仍照吉省军营向章，由工司请领发给，核实报销。

户部查奉省各厅县添设捕盗营弁兵应需饷乾银两：

外委每员月饷银二两，马乾银三两，津贴银三两。马兵每名月饷银一两五钱，马乾银二两，查道缉捕酌加津贴银一两九钱。步兵每名月饷银一两五钱，津贴银一两五钱。每两以八折实银给发。外委月支实银六两四钱，马兵月支实银四两三钱二分，步兵月支实银二两四钱等因，业经造册送部，核销在案。

今该将军请于双城厅、伊通州每处拣派外委一员，募练步勇五十名，由该通判、知州自行管带。应发勇粮仿照前设宾州厅章程，外委每月给银十二两，步勇每月给银四两，每年需银五千八十八两，遇闰加四百二十四两，请在斗税项下动支。查该省新设通判、知州二缺，每处添设外委一员、步勇五十名，应需饷乾银两自应查照奉省捕盗营弁兵饷乾折放数目动支，以归划一。今该将军将该省先后添设捕盗弁兵应需饷乾，查照前次部议，照章折放。仍照向章，按年分晰造册，送部专案报销。并将拣派弁兵年岁、籍贯、花名及挑齐起支饷乾银数、日期，先行造册，送部备核，勿稍迟延。兵部查前经会议吉林将军铭安等奏吉林添设厅县等官案内，请于新设宾州厅、五常厅、敦化县每处设捕盗外委一员，募练步勇五十名，专司缉捕。当经臣部核议，奏准在案。

今原奏内称：新设双城厅、伊通州两处，地

广民顽，盗风未息，拟设弁兵，以资弹（押）〔压〕。请于双城厅、伊通州每处拣派外委一员，系为严缉盗贼起见。核与该省宾州厅等处添设捕盗外委成案相符，应请准其添设，分隶该厅州管辖，专司缉捕。倘有疏防及营务废弛，应令奏参，交部议处。查前次宾州、五常二厅、敦化县添设捕盗外委三缺，现在曾否考拔有人，未据该将军咨部注册。暨此次新设捕盗外委二缺，均令该将军于新募兵丁内迅即拣选拔补，出具考语，并将该弁履历咨部注册，以符定制。其募练步勇五十名，亦应令该将军即将募练步勇分晰造具花名清册，送部备查。至买办刀矛枪械及请领火药等项，均应如所奏办理。仍令该将军即将买办各项器械名目、件数，及请领火药数目，分晰造具细册，专案送部，以备查核。工部查该处买办刀矛枪械及请领火药等项，即经兵部准如所请办理，应令该将军即将买办各项器械名目、件数暨请领火药数目，并用过工料银两，造具分晰细册，送部核销。

又据吉林将军铭安片奏：吉林理事同知一缺，现拟奏请升作吉林府知府，定为繁疲难题调要缺，由外拣员升补。如蒙俞允，自应于吉林现任同知内拣员升补。惟查本任吉林厅理事同知善庆、伯都讷厅理事同知贵璋，均系照例由各部院笔帖式拣选来吉，六年俸满，应行保升员外郎之员，以上升补吉林府知府，与例不合。此外更无合例应补之员。应请饬部在于满、汉曾任实缺正途出身知府内，拣发二员来吉。当由奴才酌量奏补，以资治理，而裨地方等因。

光绪七年十二月初九日，军机大臣奉旨：览。钦此。

吏部查该将军奏请将吉林厅理事同知一缺，升改为吉林府知府，业经臣部会同各部，于正（挏）〔折〕内声明核准，请旨。所有该将军奏请在于满、汉曾任实缺正途出身知府内，拣发二员来吉，酌量奏补之处，自应准如所请，由臣部另行办理。

又附片内称：伯都讷理事同知一员，从前在该城驻守。光绪二年二月间，前署将军穆图善于会议京旗条陈吉林添设官员事宜折内，请将伯都讷理事同知移驻孤榆树屯，暂借该处书院作为衙署等因。奏奉谕旨：允准。在案。惟该同知自移设后，因书院系士子肄业公所，碍难作为衙署，向系租住民房办理公事。墙卑室浅，湫隘不堪，且书吏人等散漫而居，诚恐承办要件，倘有泄漏，弊窦丛生。至于监狱，仍在伯都讷城内，该处距孤榆〔树〕屯三百余里，该同知审办重案，往返派差解送，难免疏虞，尤不足以昭慎重。现在新设各厅、州、县，均请建盖衙署监狱，奏有定章。伯都讷同知既移驻孤榆树屯，亦应另建衙署一座，拟援照本省建署章程，发给工料实银五千五百余两。监狱一座，发给实银一千五百两。均由荒价项下一律作正支销。并请将孤榆树屯原设分防巡检一员改为兼司狱事，管理监狱。伯都讷城内原设管狱巡检一员，作为分防。一转移间，均极简便。该巡检等衙署均仍其旧。如此办理，不惟体制相符，且于办公均有裨益等因。奉旨：览。钦此。

户部查吉林省修建各项工程应需工料银两，向章每两减扣四成，发给六成，银两仍扣六分减平，历经照办在案。今该将军请建盖伯都讷同知衙署、监狱等工所需工料银两，应令该将军查照放款章程，核实删减给发。仍将动支实数，随时专案报部查核，勿稍遗漏。刑部查吉林伯都讷同知既经奏准移驻孤榆〔树〕屯，所有孤榆树原设分防巡检一员，改为兼司狱事，管理监狱。伯都讷城内原设管狱巡检一员作为分防，系为审办案（公）件免致派差解送疏虞起见，应如所请办理。工部查吉省所属伯都讷同知移驻孤榆树屯，既据吏部议准，其另建衙署、监狱等工，自应准其建盖，应行该将军遵照。既将前项修建各工专案报部，照例题估题销。

又附片内称：吉林为我朝根本重地，协、佐以下各官皆系满、蒙世仆，或为勋劳后裔，袭职当差；或

吉林志略　上

035

曾效劳军营，回旗拣补。溯自咸丰二年，征调频仍，官弁兵丁效命疆场者，十居八九，生还故里者，十仅二三，其户口之凋零，室家之穷苦，有不忍形诸奏牍者。以昕夕奔驰之苦，复有衣食无顾之忧，不惟政体有亏，且廉隅难饬。即如协领应领俸银一百三十两，扣成折放，每年仅得实银六十五两。佐、防以次递减。一切公私费用均在其中，实系入不敷出，难免赔累。奴才曾任盛京刑部侍郎时，询知奉天旗员兵丁均有随缺地亩。分防、协领倘有优缺，足资养赡。即在省当差，轮派内仓，亦可均沾余润。而吉省地处边陲，异常瘠苦，既无优异之缺，又乏调济之差，是以从前派令旗员等查丈荒地、征收钱粮，及一切杂差，无不扰累地方，借端需索，追呼掊克，习为故常。以致民怨沸腾，累累控告。光绪二年，奴才奉命来吉查办事件，半由于此。然原情而论，出于贪婪者犹少，迫于穷困者实多。自奴才抵任后，凡有差委，筹拨闲款，酌给川资，不准借差科派，若蹈前辙，立予严参。近来旗员等尚知奉公守法，较前已觉改观。但每月仅得俸银数两，该员等生长斯地，各有室家，一身之用度尚属不敷，数口之饥寒更难兼顾，困穷所迫，难保不见利忘义，故态复萌。现在吉省添设民官，划疆分治，廉俸、办公均已奏准开支。而旗员等除俸银外，毫无别项津贴，与民官进项大相悬殊，以致办公竭蹶，未免向隅。第当库款支绌时，万难筹给公费。惟嘉庆、咸丰年间，经前将军富俊、固庆等先后奏准，双城堡自总管以下官兵先拨给随缺地亩。道光年间，经前将军倭什讷奏准，伯都讷自副都统以下官兵拨给随缺地亩。其三姓地方，奴才会同督办宁古塔等处事宜太仆寺卿吴大澂于光绪六年十月间奏准，自该副都〔统〕以下各官拨给随缺地亩，业经仰蒙圣鉴在案。其余在省各城旗员，均未奏请拨给。同一当差苦累，而随缺地亩或有或无，殊觉苦乐不均。现在伊通等处奏明派员开放生荒，上中之田，人皆呈领，下余近山硗薄之地，恐难保租，一时难以招佃。若将此项地亩拨作随缺官田，虽收成歉薄，亦可略资办公。除各城副都统事前经奴才奏准，蒙恩赏给津贴，足敷应用，及伯都讷、双城堡、三姓等处旗员已有随缺地亩，均无庸议驳外，所有吉林十旗、乌喇、伊通、额穆赫索罗、宁古塔、珲春、阿勒楚喀、拉林、五常堡等处旗员，拟请援照双城堡成案，拨给协领随缺地每员八十垧，佐领每员五十垧，防御每员四十垧，骁骑校每员三十垧，笔帖式每员五十垧，领催、前锋每名二十垧。合无仰恳天恩，俯念吉省旗员办公费绌，准其一律拨给随缺地亩，以示体恤，而资养赡之处，出自圣主逾格鸿恩。如蒙俞允，请俟各处放荒事竣，查明未垦地亩共余若干，应如何分拨，再当妥议章程，奏明办理。至额设甲兵应领钱粮，照章折放，本属无多，而各项差徭向系摊派，苦累情形尤属可悯。若一律请给荒地，兵数太多，恐不敷拨给。容俟荒地放竣，再由奴才设法矜恤，以纾兵困。军机大臣奉旨：览。钦此。

户部查原片内称：协、佐、防、校等官所领俸银，扣成折放，每年所得银两实系入不敷出。除俸银外，别无津贴，办公竭蹶。查双城堡、伯都讷、三姓等处官兵，均经奏请拨有随缺地亩，其余各城旗员，同一当差苦累，而随缺地亩或有或无，殊觉苦乐不均。现在伊通等处奏明开放生荒，若将此项地亩拨作随缺官田，可资办公。除各城副都统前经奏赏津贴，及伯都讷、双城堡、三姓等处旗员已有随缺地亩外，所有吉林十旗、乌喇、伊通、额穆赫索罗、宁古塔、珲春、拉林、五常堡等处旗员，请援照双城堡成案拨给随缺地亩。协领每员八十垧，佐领每员五十垧，防御每员四十垧，骁骑校每员三十垧，笔帖式每员五十垧，领催、前锋每名二十垧等语。查本年二月间，据该将军复奏：请于三姓封堆内垦荒拨为官兵随缺地亩。援照双城堡成案，拨给副都统一百八十垧，协领八十垧，佐领五十垧，防御四十垧，骁骑校三十垧，笔帖式五十垧，领催、前锋各二十垧，甲兵十六垧，另拨副都统衙署公用地二千垧。经臣部比较，请拨甲兵垧数尚属符合，其骁骑校、领催、前锋所增无几，协领、笔帖式则增至一倍，佐领、防御亦增三分之（日）〔田〕。且添设副都统一百八十垧，又另拨衙署公用二千垧，殊觉过多。议令该将军再行分别核减，酌中拟定，专折具奏。并将双城堡全案一并抄录送部，以凭核办。复奏行知，遵办在案。今该将军请拨各城协、佐、防、校等官随缺地亩垧数，亦系按照三姓请拨地数定拟。臣部核与成案，请拨地数不符，碍难议准。应令该将军将前项请拨地亩核实删减，并将各城旗员名数、应拨随缺地数，及开放伊通等处生荒上中之田各有若干，硗薄之田共有若干，除拨随缺官田外，余剩若干，其出放上中之荒应征押租，并届限升科大小租钱各数目，一并分晰造册，送部再行核办。兵部查吉林乌拉等处旗员拨给随缺地亩，请俟放荒事竣，应如何分拨，再当妥议章程办理等语，应俟该将军奏报到日，再行核办。

又附片内称：吉省各处应征租赋，向系饬派协领等官征收，责成屯长催齐，赴城交纳。第因地方辽远，稽查难周，而各屯长得以偷垦私兑，虽侵占欺蒙，相率效尤，难期核实。奴才前曾于变通官制（抎）〔折〕内声明，将来民官设齐，所有民地钱粮、旗人词讼，专归该厅、州、县管。至协、佐、防、校等官，只准管理旗务，缉捕盗贼，不准仍干地方公事，以示限制等因。奏蒙俞允在案。今据设立民官、划疆（公）〔分〕治、词讼一切，均归该管民官经理。其应征钱粮，无论旧放、新开荒地，自当统归各厅、州、县衙门认真征收。谕饬乡地，妥为催纳，严禁屯长、刁民把持舞弊，实于国赋大有裨益等因。军机大臣奉旨：览。钦此。户部查原片内称：设立民官、划疆分治、词讼一切，均归该管民官经理。其应征钱粮，无论旧放、新开荒地，统归各厅、州、县衙门认真征收。谕饬乡地，妥为催纳，严禁屯长、刁民把持舞弊等语。该将军系为各专责成起见，应请准如所奏。将该省各属地方一切租税等款，均归新设民官经征。其协、佐、防、校等官，只准管理旗务，缉捕盗贼，不准干预地方公事，以示限制，而专责成。兵部查原奏内称：民官设齐，民地钱粮、旗〔人〕词讼归该厅、州、县管理。协、佐、防、校等官只准管理旗务，缉捕盗贼，不准仍干地方公事等语。既经该将军奏蒙俞允，嗣后，协、佐、防、校等官倘有干预地方公事，应令奏参，交部议处。其疏防等案，应仍令照例参办。

　　光绪八年六月初七日，奉到吏部，为知照事，文选司案呈内阁，抄出吉林将军铭〔安〕等奏请添设吉伯阿道一缺遵旨会奏一折，于光绪八年五月二十日具奏，原折留中。本日奉上谕，吏部等衙门奏，遵议吉林添设道员等官一（抂）〔折〕。此次吉林添设道缺，著作为吉林分巡道，请旨简放。余依议，该部知道。钦此。并附片。奉旨：依议。钦此。相应粘连原奏，知照可也，须至咨者。

计粘连原奏一纸。

吏部等部谨奏，为遵旨会议具奏事。内阁抄出吉林将军铭（安）〔安〕奏称：吉林旧设三厅，管理旗民事件，地方向系径报奴才衙门核办。嗣于同治三年，经前署将军皂保奏请，吉林仿照热河设立刑司之例，由刑部拣发正途出身汉郎中或员外郎一员，派刑司主稿科甲出身主事一员，派刑司帮稿满郎中一员，派刑司掌印，专理刑名。奏奉谕旨允准，历经遵办在案。所有通省审办案件，均交刑司部员复核咨部。迨奴才抵任后，正值马贼肆扰，命盗案件积压累累。奏请调员差遣，设立清讼盗案各局，派员审理，至徒罪以上，仍归刑司部员照例核办。现在各处添设民官，划疆分治，地方应办事件数倍于前，若仍照向章，径禀奴才衙门核办，中无承上启下之员为之关摂，不惟足轻首重，体制未符，抑且事务纷岐，毫无归宿。查前署盛京将军崇实奏准，在省垣添设驻巡道一员，统辖各属地方事务，立法诚为尽善。吉林事同一律，拟请在吉省添设首道一缺，名曰分巡吉伯阿等处地方道，所有吉林一府，伯都讷、长春、宾州、五常、双城五厅，伊通一州，统归管辖。政务殷繁，责任尤重，应作为最要之缺，由正途出身人员，不论满、汉，请旨简放。既有提纲（絜）〔挈〕领之人，自无丛脞废弛之弊，下可借资表，上亦有所责成。所属一切政务，均可由其承转，即省垣词讼盗案、各局事务，亦可归其总司。嗣后，无论旗民案件，府、厅审定后，均解省垣，由该道复核审转，以昭慎重。如此办理，则刑司部员无所事事，即请裁撤，饬令回京当差。该部员等每年应由土税项下各领薪水银六百两，自应停支，归库抵饷。至首道养廉一节，现在事属创始，既无别项入款可以津贴，且各属陋规，前经奴才奏明裁革，不可复蹈故辙，以私废公。惟道署幕友修金、书吏工食所费不赀，非实银三千两不足以敷办公。拟请援照奉天驲巡、东边两道章程，酌定养廉银三千两，俸银一百三十两。书吏十六名，照例不给工食。其余每年应给工食银：马快十二名，二百一两六钱，遇闰加十六两八钱；门子四名，二十四两，遇闰加二两；轿伞扇夫七名，五十两四钱，遇闰加四两二钱；皂隶十二名，八十六两四钱，遇闰加七两二钱；听事吏二名，十四两四钱，遇闰加一两二钱。每年共计需实银三千五百五十三两八钱，无闰之年除银三十二两六钱。均请由斗税项下作正支销。其应建衙署亦仿照奉天东边道之制。在省城置买房地，修盖衙署，估需实银并修盖工料等项，计需实银八千余两，即请由荒价项下作正支销，均毋庸动拨正款。此次拟设首道一缺，建置事宜系属创始，非老成干练、曾任实缺之员，不能振作有为，措施悉当。合无仰恳天恩，俯念员缺紧要，于各直省实缺道员内简放来吉，庶期通达政体，因时制宜，实于吏治民生大有裨盖。并请饬部铸造关防一颗，迅即颁发，以昭信守等因。

光绪七年十二月初九日，军机大臣奉旨：议奏，片并发。钦此。钦遵。抄出到部。

查吉林地方前据该将军奏称：近年以来，民愈穷而愈悍，贼愈剿而愈滋，若不亟设民官，划疆分治，刑政以化其梗顽，教养以遂其生成，专恃武功，抚驭失宜，不惟重繁兵力，且恐若火燎原，益难扑灭。奴才与所属文武绅耆悉心计论，皆以为地旷人多，非有地方亲民之官不足以资治理。拟请以尤为冲要之区，酌中设立厅、县教佐等官。并将吉林厅升为府治，长春厅通判改为同知，俾资治理。协、佐、防、校等官不准干预地方词讼，以示限制，而一事权。惟添设厅、县，则创葺城垣、仓库、监狱等项所费不赀，当此库款支绌之时，断不能另请拨款，只有就地兴利，以本地所筹，供本地所需。现已派员前往查勘荒地，照章改收押荒，并试办斗税，拟以斗税、荒价二款作为添官一切之用度。将来廉俸各项用款，亦由斗税、荒租项下动支。所有拟添之官，须俟款项筹有端倪，方能陆续添设等因。当经吏部查核，将军所奏添改各缺及请加理事衔、满、汉兼用之处，系因地制宜，整顿吏治起见。惟添设改设各缺，总期官民相安，方臻妥善。应请旨饬下该署将军，体查情形，通筹全局，详细分别，奏明办理等因。

于光绪四年十二月十八日具奏。奉旨：依议。钦此。钦遵。在案。

旋据该将军奏称：阿勒楚喀、五常堡、阿克敦城三处，放荒已著成效，生聚日繁，商贾辐辏，亟应添设民官委员试办。请在苇子沟等处设立宾州厅抚民同知等缺。经臣部会同各部议准，于光绪七年六月二十日具奏。奉旨：依议。钦此。钦遵。亦在案。

今复据该将军奏称：吉林旧设三厅，管理旗民，地方事件向系奴才衙门核办。嗣经仿照热河设立刑司之例，由刑部拣选正途出身汉郎中或员外郎一员，派刑司主稿科甲出身主事一员，派刑司帮稿满郎中一员，派刑司掌印，专理刑名，奏准在案。通省审办案件均交刑司部员，核复咨部。迨奴才抵任后，正值马贼肆扰，命盗案件积压累累。奏请调员差委，设立清讼盗案各局，派员审理。现在各处民官应办事件数倍于前，若仍照向章，径禀奴才衙门核办，中无承上启下之员为之关捩，不惟足轻首重，体制未符，抑且事务纷歧，毫无归宿。拟请在吉省添设首道一员，名曰分巡吉伯阿等处地方道，所有吉林一府，伯都讷、长春、宾州、五常、双城五厅，伊通一州，统归管辖。政务殷繁，责任尤重，请作为最要之缺，由正途出身人员，不论满、汉，请旨简放。所属一切政务，均可由其承转，即省垣词讼盗案各局事务，亦可归其总司。如此办理，则刑司部员无所事事，即请裁撤，饬令回京当差等因。查该将军系为省会重地，今昔情形不同，因时制宜起见，自应准如所请。添设分巡吉伯阿道一缺，作为请旨之缺，遇有缺出，由正途出身之记名道员内，无论满、汉，照例请旨简放。所有新设之吉林府、伯都讷、长春、五常、宾州、双城五厅，伊通一州，统归管辖，一切政务均准由其承转。惟该将军折内声称：首道一缺，政务殷繁，责任尤重，应作为最要之缺。并未声叙作为何项最要请旨之缺，臣部碍难悬拟。应俟该将军查明，具奏到日，再行请旨简放。

至该将军等（抧）〔折〕内声称：此次拟设首道一

缺，建置事宜系属创始，非老成干练、曾任实缺之员，不能振作有为，措施悉当。合无仰恳天恩，俯念员缺紧要，于各省实缺道员内，简放来吉，庶于吏治民生大有裨益等语。所有新设分巡吉伯阿道一缺，是否俟该将军查明，应作为何项最要请旨之缺，具奏到部后，再行请旨简放。抑或准照该将军所请，于各直省实缺道员内，即行简放之处。伏候圣裁。

再吉林省垣既准设立道员，一切政务由其承转，并省垣词讼盗案各局事务亦准归其总司。嗣后，毋论旗民案件，府厅审定后，均解省垣，由该道复核审转，以昭慎重。则刑司部员无所事事，即请裁撤，饬令回京当差之处。刑部查，既据该将军请在吉省添设首道一缺，名曰分巡吉伯阿等处地方道。省垣词讼盗案各局归其总司，旗民案件，府厅审后，均解省垣，由该道复核审转。系为因时制宜起见，应如所请办理。所有臣部派往吉省司员，应即撤，令回部当差。其该道审转限期处分，应悉照各省臬司之例，扣限核议。该部员等每年应由土税项下各领薪水银六百两，自应停支，归库抵饷。至首道养廉一节，现在事属创始，既无别项入款可以津贴。惟道署幕友修金、书吏工食所费不赀，连闰（非）实银三千五百五十三两八钱，无闰除银三十二两六钱，均请由斗税项下作正支销。

户部查原奏内称：省城添设首道，一切事务由该道复核审转，刑司郎部员无所事事，即请裁撤。该员等每年由土税项下各领薪水银六百两，自应停止，归库抵饷等语。查吉林理刑部员既经议请裁撤，所有该员等每年由土税项下各领薪水银六百两，应令即行停止给发，并将停止支此项薪水银两存库。列抵何年俸满之处，先行专案报部查核。至首道养廉，据称事属创始，别无入款津贴。请援照奉天（驿）〔驲〕巡、东边两道章程，酌定养廉银三千两，俸银一百三十两，书吏十六名例不给工食。其每年应给工食银：马快十二名，二百一两六钱，遇闰加十六两八钱；门子四名，二十四两，遇闰加二两；轿伞扇夫七名，五十两四钱，遇闰加四两二钱；皂隶十二名，八十六两四钱，遇闰加七两二钱；听事吏二名，十四两四钱，遇闰加一两二钱。每年应需银三千五百五十三两八钱，无闰除银三十二两六钱，由斗税项下支销。

查光绪二年五月间，据原署盛京将军崇〔实〕等奏改设奉天（驿）〔驲〕巡道员等官，又三年七月间，据署将军崇〔厚〕等奏东边外添设道员等官应支廉俸、役食等银两，援照热河章程，酌量增减请支，当经分案行。令将知府、知县办公银两分别核实删减，并抄录热河章程，送部核办。嗣于光绪四年，该省于具奏昌图府廉俸案内，钦奉上谕：东边官员廉俸、差役工食暨设立马拨修建工程等项，均着照崇厚等原奏数目发给，实免其减扣，以示体恤。昌图地方与东边事同一律，该处各官廉俸、役食暨办公银两，着以并发给实银，免其减扣。他处均不得援以为例。该部知道。钦此。

又吉林通省官俸现放章程：官俸每银一两，五成现银，以八折开放，仍扣六分减平。五成银票，每两折市平银二钱五分。又养廉现放章程：将军、副都统、同知等官养廉银两，每两停支一成，其余九成一半现银，以八折开放，仍扣六分减平，一半银票，每两折市平银二钱五分等因。各在案。今吉林省城添设首道应需廉俸、役食等款，援照东边、驯巡二道章程请支。查吉林添设首道请支廉俸数目，虽与东边、驯巡二道岁支数目相符，惟查东边道等官廉俸等银免其减扣，钦奉谕旨允准，他处均不得援以为例。吉林添设首道等官银俸等款，自应统照吉林现放官俸养廉银两折放章程支给，以归划一。至吉林首道各官添支役食等款，援照东边章程请支。除各衙署添支人役工食数目与东边道各衙署人役工食数目相符者应准支给外，其吉林首道添马快八名，每名岁支工食银十六两八钱，比较东边道马快岁支工食银六两章程加至一倍有余，殊觉浮滥。应请令查照东边道马快岁支工食银数动支，俾照核实。仍将添设〔首〕道等官到任起支廉俸、役食等款银数，并造具募充人役花名细册，报部查核。其应建衙署，亦仍照奉天东边道之制。在省城置买房地，修盖衙署，估需价银并修盖工料等项，计需实银八千余两，即请由荒价项下作正支销，均毋庸动拨正款。工部查吉省新设分巡道员，既据吏部议准，其应建衙署等工，自应准其建盖，行令该将军等遵照。即将前项应建各工专案报部，照例题估题销。户部查吉林省建修各项工程应需工料银两，向章每两减扣四成，发给六成，银两仍扣六分减平。历经照办在案。今吉林省城添设首道衙署，据称仿照东边道之制。在省城置买房地，修盖衙署，估需价银并修盖工料等项需银八千余两，应令该将军遵章核实动支。至请由荒价项下支销，毋庸动拨正款。查该省历年出放荒熟地亩、应交押租地捐、大小租钱，节经臣部奏准，行令将已放未放各地数，并各项地租数目，分别造册，加结送部，迄今未据声复。今拟称修建道署应需工料银两，请由荒价项下动支，应如所请办理，惟该省每年征收各项租赋确数，臣部并无档案可给，应仍令该将军遵照前次奏咨各案，即将该省各属历年出放荒熟地亩，已、未放确数，应交押租地捐及大小租钱各数目，赶紧分年分款，造具地段四至、佃户花名细册加结，先行专案送部，以凭核办，俾重课款。至铸造关防一颗，迅即颁发，以昭信守。礼部查定例，文职官员印信由吏部议准，撰拟字样送部铸造等语。今吉林省添设分巡吉伯阿道一缺，既经吏部议准，自应铸给关防一颗，以昭信守。恭候命下，由吏部撰拟字样，送部铸造颁发。其余一切未尽事宜，应令该将军等详细妥议，分别奏明办理。谨将臣等遵旨会议缘由缮折具奏，伏乞圣鉴训示，遵行。

再此（挅）〔折〕系吏部主稿，会同各部办理，合并声明。谨奏。

再据吉林将军铭〔安〕片奏，再查奉省变通吏治，设立民官，经前任将军崇实奏请，将盛京将军一缺仿照各省总督体制，加兵部尚书衔，另颁总督奉天旗民地方军务官防一颗。凡系旗民地方各事，均由将军与府尹专管，其一切旗务仍照旧与副都统会办。划清限制，各专责成，立法诚为妥善。现在吉省添设民官，事同一律，自当援照办理。惟吉林并无府尹，将军一缺本系镇守吉林等处地方，旗民兼辖，非盛京将军从前专辖旗民可比，自可毋庸加兼文衔，另颁关防，以期简便，而免纷更。但地方应办公事既归府、厅、州、县等官管理，均由首道复核转详。查副都统向无管辖道员之例。新设首道，一切承转公牍自应专归将军核办。所有旗务、营务，仍与副都统会办。至题奏事件，凡属民官衙门公事，由首道核转，应由将军单衔题奏。其旗署公事由各司转呈者，应由将军与副都统会衔题奏。如此办理，则责有攸归，不致辖混淆，洵于地方旗务，均有裨益等因。

光绪七年十二月初九日，军机大臣奉旨：览。钦此。

吏部查该将军系为各专责成起见，亦应准如所请。凡文职正佐升迁、调补、举劾、计典，均准由该将军单衔题奏。至一切刑名钱谷各事宜，请由该将军单衔题奏办理。并旗署一切公事及旗务、营务，请由该将军与副都统会衔题奏办理。兵部查该将军所请，系为慎重旗务起见，亦应如所奏。凡旗营官员升迁、调补，及举劾、计典一切营务，仍由将军与副都统会衔题〔奏〕办理。户部查原奏内称：一切刑名钱谷各事宜，请由该将军单衔题奏办理。应请准如所请，将该省经征一切租税钱粮，由该将军单衔题奏办理。仍照向章，分别抄录，咨揭原奏，专案报部备核，勿稍遗漏。刑部查各省督抚办理刑名事件，皆系单衔题奏，到部核办。现在地方公事既归府、厅、州、县等官管理，由首道复核转详，所有一切刑名事宜，准由该将军查照定例，单衔题奏办理。谨将臣等核议缘由附片具奏。

吉林志略　下

吉林正东

阿木窝集岭，距城一百二十里。拉法，距城一百七十里。额尔贺河，距城一百七十里。杜西霞河，距城一百七十五里。库布尔亨河，距城二百里。推吞河，距城二里。色齐窝集木鲁，距城二百六十五里。诸路多浑，距城三百三十里。小白（小）〔山〕，距城三百五十里。额木赫索罗[1]。和西河，距城三百九十里。都灵武堡，距城四百里。诸克得河，距城四百六十里。托汉河，距城五百一十里。札珠河，距城五百三十里。海兰河，距城五百五十里。松吉河，距城五百五十里。古鲁拉门堡，距城五百八十里。佛诺和城，距城六百一十里。玛尔琥里岭，距城六百一十里。汉图城，距城六百三十里。布尔哈图，距城六百三十里。宁古塔城，距城六百四十里。觉罗堡，距城六百五十里。

夸兰溪，距城六百五十里。约龙吉河，距城六百五十里。窝楞河，距城六百五十里。山岩溪，距城六百五十里，勒富窝集，距城一千五百四十里。宜禄河，距城一千五百四十里。斐雅河，距城一千五百五十里。小萨拉玛河，距城一千五百五十里。勒富勒勒库山，距城一千六百里。琥叶果洛，距城一千七百里。嫩图山，距城一千七百四十里。嫩图河，距城一千七百九十里。法尔图河，距城一千七百九十里。富奇河，距城一千八百四十里。乌苏里源，距城二千二百里。乌苏里源窝集，距城二千二百里。瑚尔新河，距城二千五百四十里。里富拉河，距城二千五百四十里。额木里河，距城二千六百里。

吉林东南

雅门山，距城一百里。太禄里河，距城一百三十里。勘达山，距城一百三十里。阿兰堡，距城一百三十里。玛延多珲，距城一百五十里。瓜尔查堡，距城二百里。宜兰波堡，距城二百里。瓜尔查河，距城二百二十里。佛思亨山，距城二百四十里。辉法口，距城三百里。萨哈，距城四百里。鄂多哩城，距城四百一十里。富尔嘉哈河，距城四百四十里。色勒窝集，距城四百五十里。刷烟木克阿，距城四百六十里。般巧

吉林志略　下

053

河，距城四百七十里。多永武山，距城一千一百二十里。哈喜山，距城一千一百五十里。库里哈河，距城一千二百二十里。富尔丹城，距城一千二百九十里。尼玛查果洛，距城一千四百里。木克阿力甘，距城一千四百里。扪河源，距城一千四百里。查奇力木敦，距城一千四百二十里。拉拉山，距城一千四百五十里。尼牙临河，距城一千四百五十里。三奇鄂佛罗，距城一千四百九十里。牙哈莫河，距城一千四百九十里。三奇河，距城一千四百九十里。额尔格河，距城一千五百里。博北木敦，距城一千五百二十里。勒富源，距城一千五百四十里。嘎思哈河，距城六百六十里。硕尔霍洛河，距城六百六十五里。忒林岭，距城七百三十里。萨奇库果洛，距城七百五十里。珲托和窝集，距城七百六十里。穆呼恩源，距城八百四十里。绥芬源，距城九百九十里。色珠勒河，距城九百九十里。鄂尔珲绥芬，距城一千里。琥普图河，距城一千里。苏札哈窝集，距城一千里。绥芬果洛，距城一千一百里。绥芬河，距城一千一百里。珲达山，距城一千一百一十里。珲达河，距城一千一百一十里。舒范河，距城一千一百二十里。和图河，距城六百七十里。和珲山，距城六百七十里。庚吉因河源，距城六百八十里。布尔哈尔图源，距城六百九十里。

平顶山，距城七百里。富勒哈和洛，距城七百一十里。达尔琥忒和洛，距城七百二十里。艾丹城，距城七百三十里。艾米达河，距城七百七十里。琥吉堡，距城八百里。喀勒奇哈博勒多，距城八百里。舒尔哈河，距城八百里。富勒哈溪，距城八百里。嘎顺河，距城八百一十里。特通额河，距城八百二十里。大海兰河，距城八百五十里。噶哈里源，距城八百九十里。小海兰河，距城九百里。海兰果洛，距城九百里。巴彦河，距城九百一十里。穆克德亨岭，距城九百二十里。尼雅木尼雅库河，距城一千里。戳满，距城九百五十里。雅尔占河，距城一千里。舒敏博勒多，距城一千里。黑山，距城一千里。库兰河，距城一千里。扎库塔城，距城一千里。珲春，距城一千一百里。勒塔河，距城一千一百里。哈达河，距城一千一百二十里。西延山，距城一千一百三十里。俾和里河，距城一千一百三十里。密优宏科，距城一千一百三十里。带都城河，距城一千一百七十里。兴吉拉库河，距城一千一百七十里。福达喜珲河，距城一千一百八十里。喀勒达山，距城一千一百八十里。呼鲁河，距城一千一百八十里。女汪坚泉，距城一千一百九十里。玺帛河，距城一千一百九十里。集新河，距城一千一百九十里。颜楚河，距城一千一百九十里。喀发山，距城一千一百九十里。题扬郭萨合，距城一千二百里。南海，距城一千二百里。古城，距城一千二百里。黄顶子，距城一千二百里。阿密岭，距城一千二百二十里。阿布达里河，距城一千二百二十里。裴雅河，距城一千二百五十里。小多碧岛，距城一千二百五十里。岱图萨合，距城一千二百五十里。西斯赫岛，距城一千二百六十里。萨尔巴绰萨哈，距城一千二百六十里。哈吉密河，距城一千二百六十里。嘛玛萨哈，距城一千二百六十里。阿萨尔吉岛，距城一千二百七十里。大多碧岛，距城一千二百七十里。伊古密河，距城一千二百八十里。珠克札河，距城一千二百九十里。妞妞裴颜岛，距城一千三百里。扎克荡吉岛，距城一千三百里。大河，距城一千三百里。法萨尔吉岛，距城一千三百里。岳杭噶岛，距城一千三百一十里。大雅哈河，距城一千三百一十里。鄂尔博绰岛，距城一千三百二十里。穆尔察河，距城一千三百二十里。特依楚岛，距城一千三百二十里。库题富河，距城一千三百三十里。翁郭勒绰岛，距城一千三百三十里。法哈库河，距城一千三百三十里。和尔多岛，距城一千三百三十里。密拉河，距城一千三百三十里。阿敏河，距城一千四百里。穆辖河，距城一千四百里。纳尔珲河，距城一千四百里。和图蒙古河，距城一千四百里。蒙古河，距城一千四百五十里。小图门乌江源，距城一千五百里。图尔乌拉源，距城一千七百里。西喇河，距城一千七百里。布达窝集，距城一千七百里。佛林河，距城一千八百五十里。搜楞吉岛，距城二千里。西林河，距城二千里。杜尔呼河，距城二千零五十里。牙兰河，距城二千一百里。勒富岛，距城二千一百里。库兰峰，距城二千三百里。瑚叶克河，距城二千四百里，塔尔芬河。距城二千五百里。

吉林正南

巴延博托课，距城二十五里。古拉库南峰，距城一百五十里。嘛颜岭，距城一百六十里。扎拉芬山，距城二百里。滚河，距城三百五十里。托哈那尔珲河，距城三百七十里。尼西哈河，距城四百里。雅哈河，距城五百五十里。苏湾，距城六百里。乌苏城，距城七百里。哈勒珲穆克河，距城八百里。讷音果洛，距城八百里。佛多和河，距城八百里。烟处堡。距城一千一百九十里。

吉林西南

库呼恩窝集，距城一百二十里。库勒讷河，距城一百七十里。库勒讷岭，距城一百七十里。刷烟木敦，距城二百里。佛多和河，距城三百五十里。觉哈河。
距城四百里。

吉林正西

绥哈城，距城五十里。萨伦岭，距城一百二十里。
伊通，距城二百八十五里。雅哈城，距城三百一十
里。赫尔苏城，距城三百七十里。英额布展，距城
四百三十里。布尔图库苏巴勒干边门，距城五百里。
巴颜哈喇，距城五百里。正北堡，距城五百一十五里。
鄂克集哈泡。距城五百五十里。

吉林西北

穆苏河，距城一百二十里。伊汉福赫杜库峰，距
城一百五十里。杜林口，距城二百一十里。伊通边门，
距城二百八十里。赫尔苏边门，距城四百里。松花江，
距城四百一十里。克尔齐勒堡，距城四百七十里。滚
堡，距城四百八十里。旧伯都讷城，距城五百二十五
里。伯都讷城，距城五百二十五里。嫩乌拉，距城
五百九十里。

吉林正北

打牲乌拉城，距城七十里。舒兰河，距城

一百二十里。噶海城，距城一百四十里。巴延鄂佛罗边门，距城一百七十里。塔勒齐河，距城二百四十里。松花江，距城四百二十里。课谢太堡。距城四百二十里。

吉林东北

那木塘阿河，距城一百二十里。鄂多诺山，距城二百里。哈萨里河，距城二百里。舒兰河，距城二百一十里。索达库山，距城三百三十里。拉林，距城三百八十里。伊勒门河，距城四百里。玛延窝集，距城四百五十里。阿尔楚库河，距城四百五十里。阿尔楚喀城，距城四百五十里。绥哈河，距城四百六十里。舒尔可布占，距城五百七十里。奇克腾河，距城七百四十里。大河，距城七百五十里。阿木兰山，距城七百五十里。小苏和辰河，距城七百五十里。伊麻呼河，距城七百五十里。梅赫河，距城七百六十里。小乌赫璘河，距城八百里。费雅河，距城八百里。福抡河，距城八百里。小窝集，距城八百三十里。乌赫璘岭，距城八百三十里。巴兰堡，距城八百七十里。小呼特亨堡，距城九百里。穆呼肯岭，距城九百里。拉喀力堡，距城九百二十里。哈尔哈山，距城九百三十里。倭肯河，距城九百五十里。僧古勒堡，距城九百六十里。呼尔哈果洛，距城九百七十里。舒勒赫堡，距城九百九十里。小瓦丹堡，距城九百九十里。大瓦丹堡，距城一千里。乌斯浑堡，距城一千里。大珠尔拉堡，距城一千里。和吉各，距城一千里。小珠尔拉堡，距城一千零三十里。穆舒图库堡，距城一千零六十里。山岩倭和堡，距城一千零六十里。法勒图珲河，距城一千零九十里。霍隆郭山，距城一千一百里。敖恰堡，距城一千一百里。绰阔费优山，距城一千一百里。穆呼肯河，距城一千一百三十里。敖恰山，距城一千一百三十里。库呼恩河，距城一千一百三十里。他图库堡，距城一千一百三十五里。吐尔珲河，距城一千一百四十里。固哈山，距城一千一百四十里。佛霍抢堡，距城一千一百六十里。玛那哈堡，距城一千一百七十里。加木斯堡，距城一千一百八十里。音达木堡，距城一千一百九十里。音达木河，距城一千二百里。尼玛奇堡，距城一千二百里。伊车苏苏堡，距城一千二百一十里。德依亨堡，距城一千二百三十里。额音莽噶堡，距城一千二百三十里。巴霍里河，距城一千二百三十里。稳车亨堡，距城一千二百五十里。那丹哈达拉山，距城一千二百八十里。达尔呼河，距城一千二百八十里。察库兰岭，距城一千三百九十里。西题尔河，距城一千三百里。万达山，距城一千三百里。富题西堡，距城一千三百三十里。摩霍洛堡，距城一千一百三十里。倭肯河堡源，距城一千一百三十里。喀勒喀莫堡，距城一千三百三十里。库布查拉堡，距城一千三百四十里。大河，距城一千三百八十里。福楞吉山，距城一千三百八十里。佛多洛滚堡，距城一千四百里。佛布库，距城一千四百里。巴里彦山，距城一千四百里。哲克图库堡，距城一千四百三十里。乌都奇堡，距城一千四百三十里。鄂尔霍拉山，距城一千四百三十里。诺罗源，距城一千四百四十里。喀克塔山，距城一千四百八十里。扎斐堡，距城一千五百里。佛呼恩窝集，距城一千五百里。萨里堡，距城一千一百五十里。聂尔博堡，距城一千五百一十里。该金堡，距城一千五百三十里。该奇山，距城一千五百三十里。阿题奇堡，距城一千五百四十里。阿克塔拉山，距城一千五百五十里。阿木基山，距城一千七百里。库录山，距城一千六百里。萨克达，距城一千六百里。威哈珠河，距城一千六百里。阿木基堡，距城一千六百二十里。鄂勒浑堡，距城一千六百三十里。琥叶口，距城一千六百五十里。阿西克塔堡，距城一千六百五十里。吉讷璘堡，距城一千六百五十里。喀木图河，距城一千六百五十里。波亲河，距城一千六百五十里。额图堡，距城一千六百八十里。

伊路山，距城一千六百九十里。希布克里河，距城一千七百里。希伯山，距城一千七百里。古城，距城六百七十里。弥占山，距城一千七百里。弥占窝集，距城一千七百里。兴安果洛，距城一千七百里。奇尔勒河，距城一千七百里。都满河，距城一千七百三十里。古城，距城一千七百四十里。努喀密河，距城一千七百四十里。奇木尼窝集，距城一千七百五十里。搜力河，距城一千七百五十里。那丹哈达拉山，距城一千七百五十里。穆楞河，距城一千八百里。松噶蝉河，距城一千八百里。希鲁林山，距城一千八百里。德克登吉堡，距城一千八百里。希鲁林堡，距城一千八百二十里。霍尔洛郭堡，距城一千八百五十里。格依克里国，距城一千九百里。雅哈岛，距城一千九百里。呼尔穆山，距城一千九百里。诺洛河，距城一千九百里。海楚堡，距城一千九百里。伊尔坤堡，距城一千九百里。克勒木堡，距城一千九百里。墨勒特堡，距城一千九百三十里。呼尔穆河，距城一千九百里。希尔古辰堡，距城一千九百五十里。哈达堡，距城一千九百五十里。噶尔玛河，距城二千里。图弼山，距城二千里。霍洛堡，距城二千里。讷洛堡，距城二千里。佛斐堡，距城二千里。呼尔堪堡，距城二千一百里。福勒图库河，距城二千一百里。穆克图力山，距城二千一百里。武扎拉城，距城二千一百里。阿奇堡，距城二千一百里。摩璘乌珠岛，距城二千一百里。索题音堡，距城二千一百里。吉林山，距城二千一百里。吉林窝集，距城二千一百里。布尼鄂佛罗，距城二千一百三十里。绰奇力鄂佛罗，距城二千一百三十里。穆克德河堡，距城二千一百五十里。库布尔亨河，距城二千一百五十里。尼满堡，距城二千二百里。噶尔玛山，距城二千二百里。布库拉堡，距城二千二百里。奇法库河，距城二千二百里。乌苏哩口，距城二千二百里。阿布达力堡，距城二千二百里。鄂洛木堡，距城二千二百里。抓金堡，距城二千二百里。哲奇璘堡，距城二千二百里。扎克达喀堡，距城二千二百里。库噜河，距城二千二百三十里。西占堡，距城二千二百三十里。苏木噜河，距城二千二百五十里。哈达鄂佛洛，距城二千二百五十里。穆靳库堡，距城二千三百五十里。碧新堡，距城二千二百五十里。优特力堡，距城二千三百六十里。万达山，距城二千三百五十里。霍伦堡，距城二千三百七十里。和克特力堡，距城二千三百七十里。呼勒堡，距城二千四百里。卓尔弼堡，距城二千三百八十里。勒河，距城二千四百里。钦河，距城二千四百里。瓜题音堡，距城二千四百三十里。伊都河堡，距城二千四百里。吉林汉河，距城二千四百五十里。冲诺库堡，距城二千四百五十里。浩垣堡，距城二千四百五十里。阿工河，距城二千四百五十里。多索密汉河，距城二千五百里。阿库力堡，距城二千四百五十里。尼满河，距城二千五百里。鄂克索密堡，距城二千五百里。阿库里尼满果洛，距城二千五百里。使狗果洛，距城二千五百里。端端河，距城二千五百五十里。阿木努河，距城二千五百五十里。穆舒堡，距城二千六百三十里。伊尔库噜堡，距城二千六百里。噶三堡，距城二千七百里。奇克金堡，距城二千六百八十里。端端堡，距城二千八百里。额金岳色，距城二千八百里。格金堡，距城二千九百里。哈达乌勒河，距城二千八百里。杨山，距城二千九百里。噶勒题奇堡，距城二千九百里。萨尔布堡，距城二千九百五十里。绰拉题堡，距城二千九百三十里。额勒山，距城三千里。威塔堡，距城二千九百五十里。依弥勒河，距城三千里。窦色山，距城三千里。和勉塔拉噶，距城三千三百里。噶水河，距城三千二百里。瓦伦堡，距城三千三百五十里。福达力堡，距城三千三百二十里。必勒固河，距城三千四百里。巴哈力堡，距城三千三百七十里。端端窝集，距城三千四百里。瑚里堡，距城三千四百里。阿吉堡，距城三千五百里。

佛洛玛堡，距城三千四百六十里。倭勒齐堡，距城三千五百二十里。优倭克特堡，距城三千五百里。优倭克特河，距城三千五百五十里。费叶尔苏堡，距城三千五百五十里。斐森堡，距城三千六百里。哈尔吉河，距城三千五百八十里。希拉孙河，距城三千六百里。齐克都哈堡，距城三千六百里。瑚伊黑河，距城三千六百五十里。年塔哈河，距城三千六百三十里。西勒绰堡，距城三千六百六十里。扎里堡，距城三千六百五十里。道湾河，距城三千六百八十里。奇集湖，距城三千六百六十里。讷木登特河，距城三千七百里。西勒巴希湖，距城三千六百九十里。鄂题河，距城三千七百里。鄂题山，距城三千七百里。奎玛河塔勒噶，距城三千七百里。岳敏河，距城三千七百里。玛哈勒齐河，距城三千七百二十里。奇集堡，距城三千七百里。赫勒尔河，距城三千七百五十里。端塔勒噶，距城三千七百五十里。奇因河，距城三千七百七十里。森奇勒河，距城三千七百五〔十里〕。岳色河，距城三千八百里。阿克济河，距城三千八百里。克莫勒河，距城三千八百里。古城，距城三千八百里。蒙古里堡，距城三千八百里。额勒河，距城三千八百里。黑勒尔苏克鄂佛洛，距城三千八百五十里。奎玛堡，距城三千八百里。占堡，距城三千三百八十里，穆呼勒堡，距城三千八百五十里。塔克题音堡，距城三千八百九十里。巴尔喀河，距城三千八百八十里。克齐河，距城三千九百里。敖达里河，距城三千八百九十里。使鹿部落，距城三千九百里。底密河，距城三千九百里。妙堡，距城三千九百一十里。阿勒喀堡，距城三千九百一十里。瓦集堡，距城三千九百三十里。额奇底河，距城三千九百二十里。额福金山，距城三千九百三十里。都图布河，距城三千九百三十里。察喀玛河，距城三千九百四十里。尼叶尼叶里河，距城三千九百四十里。达柏鄂沸洛，距城三千九百六十里。琢霍林鄂洛沸，距城三千九百六十里。提扬艾河，距城三千九百六十里。克呼木特河，距城三千九百六十里。鄂托库鄂沸洛，距城三千九百七十里。尼满堡，距城三千九百七十里。喀尔玛图沸洛，距城三千九百八十里。寿噶哩鄂沸洛，距城三千九百九十里。索木尼因堡，距城四千里。瓦西普努鄂沸洛，距城四千里。特肯堡，距城四千一百里。扬提噶鄂沸洛，距城四千里。益对堡，距城四千一百五十里。特肯河，距城四千一百五十里。楚拉河，距城四千一百五十里。益对河，距城四千一百五十里。拉喀堡，距城四千二百里。楚克锦河，距城四千二百里。底巴努河，距城四千二百五十里。温特呼河，距城四千二百里。博和弼河，距城四千三百里。汪艾河，距城四千三百里。阿当吉山，距城四千三百五十里。英吉深山，距城四千三百五十里。塔木玛山，距城四千四百五十里。东海岛，距城四千四百里。奇都西山，距城四千四百五十里。塔木玛河，距城四千四百五十里。普隆艾山，距城四千五百里。图克苏呼山，距城四千四百五十里。国多和河，距城四千五百里。萨依河，距城四千五百里。萨依堡，距城四千五百五十里。努力叶河，距城四千四百里。昆勒图堡，距城四千五百五十里。昆勒图河，距城四千五百五十里。额尔野河，距城四千六百五十里。大喜河，距城四千四百五十里。额尔野堡，距城四千七百里。

一、吉林所属地方，原设三十八站及兼管二小站。额设壮丁八百五十名，马八十五匹，牛八十五条。内于乾隆二十四年十二月二十七日，经前任将军萨拉喜奏请，酌量各站差役轻重、程途远近，挪役壮丁八十名，马八十四匹，牛八十条，拨往萨库哩站，至三姓新设之八站当差。此新设萨库哩站等八站，添笔帖式各一员，拨什库各一名。又于乾隆三十四年六月初五日，经前任将军伯富亮奏请，酌量各站差役轻重、程途远近，金珠至伯德讷等十站额设马牛内，拨往吉林至宁古塔所设大小九站马二十四匹，牛二十四条，仍由各本站内挑补庄丁当〔差〕。又于乾隆四十四年三月十五日，经前任将军候和隆武奏请，酌量各站差役轻重、程途远近，将吉林至宁古塔大小九站额役马牛内，拨往蒙古卡伦至鄂勒国穆索等九站马三十三匹，牛三十八条，仍由各本站内挑补兵丁当差。现在吉林所属共三十八站及二小站，壮丁八百五十名，马八百五十〔匹〕，牛八百五十条。每马一年领草豆银条十八两，每牛一年领草豆银条十二两，合计一年应领马牛草豆银共二万五千五百两。每年应报倒毙马共二百五十五匹，倒毙牛共三百二十八条。买补倒（补）毙缺额马牛，每马价银各九两，每牛价银各七两，共应用银四千五百九十一两。此内每匹倒马皮脏变价银五钱，每条倒牛皮行变价银三钱，除变价银二百五十五两九钱外，每年实在应领银共四千三百六十五两一钱。每年共应备驰驿等差廪给银五百两。

吉林通盛京西路各站

吉林城乌拉站至搜登站七十里，搜登站至伊勒门站七十里，伊勒门站至苏瓦延站五十里，苏瓦延站至伊巴丹站六十里，伊巴丹站至阿勒谈额墨勒站六十里，阿勒谈额墨勒站至赫尔苏站六十里，赫尔苏站至叶赫站八十里，叶赫站至蒙古和罗站五十里，蒙古和罗站至盛京所属开原站上五十五里。

吉林城通宁古塔东路各站

吉林城乌拉站至额赫穆站九十里，额赫穆站至拉法站八十里，拉法站至退通站[2]，退通站至意气松小站八十里，意气松小站至鄂摩和站四十里，鄂摩和站至他拉小站八十里，他拉小站至必尔罕站六十里，必尔罕站至沙兰站六十里，沙兰站至宁古台站八十里，宁古台站至宁古塔城。

吉林城通伯〔都〕讷、黑龙江等处北路各站

吉林城乌拉站至金珠鄂佛罗站六十里，金珠鄂佛罗站至舒兰河站六十里，舒兰河站至法特河站六十里，法特河站至登伊勒哲库站五十里，[3]盟温站至陶赖昭站五十里，陶赖昭站至逊扎保站五十里，逊扎保站至浩色站三十五里，浩色站至社哩站六十里，社哩站至伯都讷站八十里，伯都讷站至黑龙江所属茂兴八十里。

又由登伊勒哲库站通拉林、阿勒楚喀、三姓等处东北处各站

蒙古喀抢站至拉林多欢站七十里，拉林多〔欢〕站

至萨库哩站七十里，萨库哩站至蜚克图站六十里，蜚克图站至色勒佛特库站八十里，色勒佛特库站至佛斯亨站六十一里，佛勒斯亨站至富拉珲站七十三里，富拉珲站至崇右尔库站七十里，崇右尔库站至鄂尔国木索站七十二里，鄂尔（库）国木索站至妙嘎山站六十八里〔4〕，妙嘎山站至三姓城五里。

吉林城乌拉站至西路蒙古和罗等处九站，额赫穆站至东路宁古台等九站。此两路共十八站，额设驿站总管监督一员，随驿站关防笔帖式一员，果什哈领催一名，管驿站笔帖式十六员，领催十八名。金珠鄂佛罗站至北路伯德（纳）〔讷〕等十站，蒙古喀抡站至东北路妙嘎山等十站。此两路共二十站，额设驿站总管监督一员，随驿站关防笔帖式一员，果什哈领催一名，管驿站笔帖式二十员，领催二十名。上有领催二十名，每名按月食饷银二两。领催缺出，由壮丁内挑出。壮丁八百五十名，俱由本站（纫）〔幼〕丁内挑补，并无饷银。

一、吉林地方于康熙二十三年修造粮船三十只，以备吉林、黑龙江二省遇有饥馑年岁来往运送米石。康熙三十一年，修造（浆）〔桨〕船二十只，以备采捕桦皮、东珠差使。乾隆十九年，修造龙船二只、沙船一只、蒲松子船一只、红船一只。嘉庆十五年，裁汰沙船、红船、蒲松子船三只。此外，每年修造船只需用木料，俱系水手壮丁砍伐木植。修造所用桐油、钉、铁等项，均系由部请领。

吉林将军、副都统及宁古塔、伯都讷、三姓、阿勒楚喀副都统等以岁庆贺年表：臣等诚欢诚忭稽首顿首上贺。伏以德纯乾元，首正六龙之位；建用皇极，肇开五福之先。恭惟皇帝陛下：率育苍生，诞应景命。萝图席瑞，共珠集，而万国来同；黼展疑釐，陬滏恬，而八方和会。太平有象，庆祚无疆。臣等恭遇熙朝，欣逢圣诞，伏愿：玉烛常调，溥时雍于九牧；金瓯永固，绵泰运于万年。臣无任瞻天仰圣，欢忭之至。谨奉表称贺以闻。

一、吉林属每岁进贡物产开列于后

四月内赍送进上油炸白肚鳟鱼肉钉十坛。七月内赍送进上窝雏鹰鹞各九只。十月内赍送进上二年野猪一口、一年野猪一口、鹿尾四十盘、鹿尾骨肉五十块、鹿斤条肉五十块、晒干鹿脊条肉一束、野鸡七十只、稗子米一斛、铃铛米一斛。十月内由围场先赍送进上鲜味二年野猪一口、鹿尾七十盘、野鸡七十只、树鸡十五只、稗子米一斛、铃铛米一斛。十一月内赍送进上七里香九十把、公野猪二口、母野猪二口、二年野猪二口、鹿尾三百盘、野鸡五百只、树鸡三十只、鲟鳇鱼三尾、翅头白鱼一百尾、鲫鱼一百尾、稗子米四斛、铃铛米一斛、山（查）〔楂〕十坛、梨八坛、林檎八坛、松塔三百个、山韭菜二坛、野蒜苗二坛、柳木枪鞘八根、驳马木线枪鞘八根、柳木线枪鞘八根、枢梨木虎枪杆三十根、桦木箭杆二百根、杨木箭杆二百根。十一月内赍送进上（海青芦花）海青芦花鹰、白色鹰，并无额数，窝集狗五条。十一月内赍送进上贺哲、匪雅喀、奇勒哩官貂鼠皮二千五百八十二张。隔一年赍送进上御览紫桦皮二百张、上用紫桦皮一千四百张、白桦皮改为紫桦皮一千四百张、官紫桦皮二千张。又应交下五旗官紫桦皮一万二千张、白桦皮三千张、暖木皮四百五十斤、莝草四百五十斤。又应交下五旗官每旗暖木皮各五十斤、莝草各五十斤。以上俱宜赍送武备院查收。

接驾及恭贺万岁，进贡物产开列于后：

貂鼠、白毛稍黑狐狸、倭刀、黄狐、貂、梅花鹿、角鹿、鹿羔、狍、狍羔、獐、虎、熊、元狐皮、倭刀皮、黄狐皮、猞猁狲皮、水獭皮、海豹皮、虎皮、豹皮、灰鼠皮、鹿羔皮、雕鹳翎、海参、白肚鳟鱼肉钉、烤干白肚鳟鱼肚囊肉、油炸鲟鳇鱼肉钉、烤干细鳞鱼肚囊肉、草根鱼、鳊头鱼、鲤鱼、花鲫鱼、鱼油、晒干鹿尾、晒干鹿舌、鹿后腿肉、小黄米、（杭）〔炕〕稗子米[5]、高粱米粉面、玉秫米粉面、小黄米粉面、荞麦糁、小米粉面、稗子米粉面、和的水馉馇、豆面剪子股馉馇、搓条馉馇、打羔肉夹搓条馉馇、炸饺子馉馇、打羔馉馇、豆面馉馇、豆蓁羔馉馇、蜂糕馉馇、叶子馉馇、水馉子馉馇、鱼儿馉馇、野鸡蛋、葡萄、杜李、羊桃、山核桃仁、松仁、榛仁、核桃仁、杏仁、松子、白蜂蜜、蜜脾、蜜尖、生蜜、山韭菜、贯众菜、藜藿菜、枪头菜、河白菜、黄花菜、红花菜、蕨菜、（芩）〔芹〕菜[6]、（业）〔丛〕生蘑[7]、鹅掌菜。

一、吉林地方，康熙十年由宁古塔移驻满洲兵七百名。康熙十年由本处添设满洲兵六百名，康熙十六年，添设满洲兵一千二百二十一名。康熙二十年，移往四边门兵八十名。康熙二十九年，移往黑龙江满洲兵八百名。康熙二十九年，添设满洲兵七百三十名，汉军兵七十名。康熙三十一年，添设锡伯、满洲兵一千名。康熙三十一年，添设巴尔虎兵四百（兵）名。康熙三十八年，将锡伯、满洲兵一千名移往都京。康熙五十二年，添设满洲兵五百七十九名。康熙五十四年，移往三姓满洲兵八十名。其缺仍挑补满洲兵八十名。雍正三年，移往阿勒楚喀满洲兵一百名。雍正四年，将巴尔虎兵裁汰五十名，其缺仍挑补汉军兵五十名。雍正六年，移往伊通满洲兵一百名。雍正十年，将打牲乌拉包衣下闲散丁内，挑选满洲兵一千名，于乾隆五年移往打牲乌拉。雍正十一年，由官庄台站水手内，挑设新汉军鸟枪兵一千名。乾隆三年，移往额穆和索罗满洲兵一百二十名。乾隆二十五年，将新汉军鸟枪兵裁汰三百名，其缺由宁古塔、珲春二处挑补。乾隆三十年，因给与四边门台领催、摆渡水手、领催等饷银，将新汉军鸟枪兵裁汰二十六名。

以上除裁汰挪役兵丁外，现在实有额设：满洲兵二千六百三十名、巴尔虎兵三百五十名、陈汉军兵一百二十名、新汉军鸟枪兵六百七十四名，共兵三千七百七十四名。

一、打牲乌拉地方，于乾隆五年由吉林移驻打牲满洲兵一千名，于乾隆二十五年裁汰兵三百名，其缺由宁古塔、珲春二处挑补。乾隆四十年，由原额七百兵内，挑放食原饷无品（及）〔级〕笔帖式二员，教习一员。

以上除裁汰兵丁外，现在实有额设满洲兵七百名。

一、伊通地方，于雍正六年由吉林移驻满洲兵一百名，由开原移驻满洲兵〔一〕百名，共兵二百名。

一、额穆和索罗地方，于乾隆三年由吉林移驻满洲兵一百二十名。

一、巴彦鄂佛洛罗、伊通、赫尔苏、佛尔图库等四边门，康熙二十年初设四边门时，由吉林八旗额兵内移驻满洲兵各二十名。

一、吉林水手营，康熙十三年设立，共有修造粮器船水手领催八名，壮丁二百五十名，木舣匠役四十五名，共水手丁三百三名。

一、宁古塔地方，顺治十年原有满洲兵四百三十名，顺治十八年添设满洲兵五百名，康熙三年添设满洲兵六十六名。康熙十年，将满洲兵七百名移往吉林。康熙十七年，添设满洲兵二百九十名。康熙二十九年，移往黑龙江满洲兵二百名。康熙二十九年，添设兵一百五十六名。康熙五十二年，添设满洲兵四百五十八名。康熙五十三年，移往珲春满洲兵四十名，其缺仍挑补满洲〔兵〕四十名。乾隆二十五年，由吉林裁汰新汉军兵三百名，打牲乌拉裁汰满洲兵三百名，其缺由宁古塔挑补满洲兵四百名，珲春挑补满洲兵二百名。

以上除裁汰挪移兵丁外，现在实有额设满洲兵一千四百名。

一、珲春地方，康熙五十三年，由宁古塔移驻满洲兵四十名，挑新满洲兵一百五十名。乾隆十七年，由三姓移驻满洲兵六十名。乾隆二十五年，由吉林裁汰新汉军兵三百名，打牲乌拉裁汰满洲兵三百名，其缺由珲春挑补满洲兵二百名，宁古塔挑补满洲兵四百名。

以上额设满洲兵四百五十名。

一、伯都讷地方，康熙三十一年，初设满洲兵二千名。康熙三十八年，移往盛京满洲兵一千四百名。康熙四十年，添设蒙古兵一百名。康熙五十二年，由吉林闲散内，挑补兵四百名移驻伯都讷。雍正三年，移往阿勒楚喀满洲兵一百名。

以上除挪移兵丁外，现在实有额设满洲兵九百名，蒙古兵一百名，共兵一千名。

一、三姓地方，康熙五十三年，初设新满洲兵二百名。康熙五十〔四〕年[8]，由吉林移驻满洲兵八十名。雍正十年，三姓打牲丁内挑补满〔洲〕兵八百名。雍正十年，将（八）〔三〕姓打牲丁内挑补兵一千名。乾隆十七年，移往珲春满洲兵六十名。乾隆二十一年，移往阿勒楚喀满洲兵三百名，裁汰满洲兵二百名。

以上除裁汰挪移兵丁外，现在实有额设满洲兵一千五百二十名。

一、阿勒楚喀、拉林地方，雍正三年，由吉林移驻满洲兵一百名，由伯都讷移驻满洲兵一百名，又将吉林闲散内挑补满洲兵一百（兵）名，伯都讷闲散内挑补满洲兵一百名，共设兵四百名。雍正十年，添设满洲兵一百一十二名。乾隆二十一年，由三姓移驻满洲兵三百名，于乾隆二十七年（八）〔分〕驻阿〔勒〕楚喀满洲兵四〔百〕六名[9]。

以上二处共移驻添设满洲兵（八千）八百一十二名。

以上吉林通省现有额设：满洲兵八百八十二名，蒙古兵一百名，巴尔虎兵三百五十名，陈汉军兵一百二十名，新汉军鸟枪营兵六百七十四名。

以上通省额设兵共一万零五十六名。此内领催七百二十九名，前锋兵二百十六名，每名按月食饷银三两。披甲九千一百一十一名，每名按食饷银二两。领催缺出，由本领下前锋、披甲内挑补。前锋缺出，由本旗披甲内挑补。披甲缺出，由本名佐领下闲散内挑补。水手营领催八名，每名按月食领饷银一两五钱。壮丁二百五十名，（本）〔木〕舱匠役四十五名，每名按月食饷银一两。领催缺出，由壮丁内挑补，壮丁缺出，由幼丁内挑补之处，理合声明。

吉林八旗蒙古旗鸟枪营、打牲乌拉、伊通、额穆和索罗四边门等共额设：协领十员，参领一员，每员盔甲一副，弓二张，撒袋一副，腰刀一口，箭二百五十支。佐领六十七员，每员盔甲一副，弓二张，撒袋一副，腰刀一口，箭二百支。防御三十五员，每员盔甲一副，弓二张，撒袋一副，腰刀一口，箭一百五十支。骁骑校六十九员，每员盔甲一副，弓二张，撒袋一副，腰刀一口，箭一百支。此外，佐领、骁骑校各有纛一杆。

一、宁古塔额设

协领二员，每员盔甲一副，弓二张，撒袋一副，腰刀一口，箭二百五十只。佐领十二员，每员盔甲一副，弓二张，撒袋一副，腰刀一口，箭二百五十支。佐领十二员，每员盔甲一副，弓二张，撒袋一副，腰刀一口，箭二百支。防御十二员，每员盔甲一副，弓二张，撒袋一副，腰刀一口，箭一百五十支。骁骑校十二员，每员盔甲一副，弓二张，撒袋一副，腰刀一口，箭一百支。此外，佐领、骁骑校各有纛一杆。

一、珲春额设

协领一员，盔甲一副，弓二张，撒袋一副，腰刀一口，箭二百五十支。佐领三员，每员盔甲一副，弓二张，撒袋一副，腰刀一口，箭二百支。防御二员，每员盔甲一副，弓二张，撒袋一副，腰刀一（员）〔口〕，箭一百五十支。骁骑校三员，每员盔甲一副，弓二张，撒袋一副，腰刀一（员）〔口〕，箭一百支。

此外，佐领、骁骑校各有纛一杆。

一、伯都讷额设

协领二员，每员盔甲一副，弓二张，撒袋一副，腰刀一口，箭二百五十支。佐领十二员，每员盔甲一副，弓二张，撒袋一副，腰刀一口，箭二百支。防御八员，每员盔甲一副，弓二张，撒袋一副，腰刀一口，箭一百五十支。骁骑校十二员，每员盔甲一副，弓二张，撒袋一副，腰刀一口，箭一百支。此外，佐领、骁骑校各有纛一杆。

一、三姓额设

协领二员，每员盔甲一副，弓二张，撒袋一副，腰刀一口，箭二百五十支。佐领十五员，每员盔甲一副，弓二张，撒袋一副，腰刀一口，箭二百支。防御八员，每员盔甲一副，弓二张，撒袋一副，腰刀一口，箭一百五十支。骁骑校十五员，每员盔甲一副，弓二张，撒袋一副，腰刀一口，箭一百支。此外，佐领、骁骑校各有纛一杆。

一、阿勒楚喀佐领、拉林地方每处额设

协领一员，盔甲一副，弓二张，撒袋一副，腰刀

一口，箭二百五十支。二处佐领十三员，每员盔甲一副，弓二张，撒袋一副，腰刀一口，箭二百支。二处防御十员，每员盔甲一副，弓二张，撒袋一副，腰刀一口，箭一百五十支。二处骁骑校十三员，每员盔甲一副，弓二张，撒袋一副，腰刀一口，箭一百支。此外，佐领、骁骑校各有纛一杆。

以上官员，军器盔甲遇有残破，俱系自力修补，贮各本家。每岁年底，将实有官员、军器、盔甲数目，派员查阅，取具甘结备查。仍将查阅之处题奏外，另行造册，咨报兵部，理合声明。吉林地方八旗、蒙古旗鸟枪营、打牲乌拉、伊通、额穆和索罗四边门等处，共额兵四千八百七十四名，每名弓一张，撒袋一副，腰刀一口。领催、前锋每名箭七十支。兵二名，枪一杆。兵四名，帐房一架，铜锅一口。领催每名号旗一杆。外有大阅时，作为军装盔甲一千八百五十副。每岁春秋操演，鸟枪一千二百七十杆。

吉林、打牲乌拉共设棉甲一千四百六十件。

一、宁古塔地方，共额兵一千四百名，每名弓一张，撒袋一副，腰刀一口。领催前锋每名箭七十支。兵二名，枪一杆。兵四名，帐房一架，铜锅一口。领催每名号旗一杆。外有大阅时，作为军装盔甲五百七十副。每岁春秋操演，鸟枪二百杆。

一、珲春地方共额兵四百五十名，每名弓一张，撒袋一副，腰刀一口。领催每名箭七十支，披甲每名箭五十支。兵二名，枪一杆。兵四名，帐房一架，铜锅一口。领催每名号旗一杆。外有大阅时，作为军装盔甲一百八十一副。宁古塔、珲春共设棉甲五百五十件。

一、伯都讷地方共额兵一千名，每名弓一张，撒袋一副，腰刀一口。领催、前锋每名箭七十支，披甲每名箭五十支。兵二名，枪一杆。兵四名，帐房一架，铜锅一口。领催每名号旗一杆。外大阅时，作为军装盔甲四百二十副。每岁春秋操演，鸟枪二百杆。共设棉甲三百件。

一、三姓地方共额兵一千五百二十名，每名弓一张，撒袋一副，腰刀一口。领催（先）〔前〕锋每名箭七十支，披甲每名箭五十支。兵二名，枪一杆。兵四名，帐（架）房一架，铜锅一口。领催每名号旗一杆。外有大阅时，作为军装盔甲六百三十副。每岁春秋操演，鸟枪二百杆。共设棉甲四百五十件。

一、阿勒楚喀、拉林地方，每处额兵四百零六名，共兵八百一十二名，每名弓一张，撒袋一副，腰刀一口，领催前锋每名箭七十支，披甲每名箭五十支。兵二名，枪一杆。兵四名，帐房一架，铜锅一口。领催每名号旗一杆。外有大阅时，作为军装盔甲三百四十副。二处共设棉甲二百四十件。

以上各城各项军器，自官设以来，遇有残破，俱系兵力粘补，各本旗收贮。此内惟有鸟枪、棉甲二项，系动用官项修补，存贮各本处库内。春秋二季操演时，将鸟枪发出使用，操演完竣，仍交库内存贮。每岁年底，派员查阅各军器数目，取具甘结备查。仍将查阅之处题奏外，另行造册，咨报兵部。其于何年设立并增减，年分久，档案不全，无凭可查之处，屡经声明在案，理合查明。

一、吉林地方共有边〔门〕四座，内有三边门各属七台，其余一边门所属八台，共台二十九座，俱系康熙二十年设立。每边门各有防御一员、笔帖式一员管辖，外各有吉林移驻旗兵二十名。每边门各有总理领催一名，每台领催各一名，台丁各一百五十名。兵系看守边门、盘查出入，台丁系充当拴边挖（壕）〔壕〕差使。

巴彦鄂佛罗边门在吉林（地）城正北一百七十里。此边门防御笔帖式缺出，由镶白、正蓝二旗骁骑校、披甲内挑选补放。额兵二十名，俱系满洲。此内领催一名，每月食饷银三两。披甲十九名，每月食饷银二两。领催缺出，亦由二旗。披甲缺出，由本旗佐领下闲散内挑补。台总理领催一名，每月食饷银二两。台领催七名，每月食饷银一两五钱。[10]总理领催内挑补。领催缺出，由正丁内挑补。七台共正丁一百五十名，俱由本台幼丁内挑补，并无饷银。边内系吉林所属，边外松花江东伯都讷界，松花江西系蒙古界，西南距伊通边门三百里。

伊通边门在吉林城西北二百八十里。此边门防御笔帖式缺出，由镶黄正白二旗骁骑校、披甲内挑选补放。额兵（二）二十名，内有满洲兵十六名，陈汉军兵四名。此内领催一名，每月食饷银三两，披甲十九名，每月食饷银二两。领催缺出，亦由二旗披甲内挑补。披甲缺出，由本旗佐领下闲散内挑补。领催一名，每月食饷银二两。台领催七名，每月食饷银一两五钱。总理领催缺出，由（台）七台领催内挑补。领催缺出，由台丁内挑补。七台共台丁一百五十名，俱由本台幼丁内挑补，并无饷银。边内系吉林所属，边外系长春厅与蒙古界。西南距赫尔苏边门一百二十里。

赫尔苏边门在吉林城西北四百里。此边门防御笔帖式缺出，由正黄、正红二旗骁骑校、披甲内挑选补放。额兵二十名，俱系满洲。此内领催一名，每月食饷银三两，披甲十九名，每月食饷银二两。领催缺出，亦由二旗披甲内挑补。披甲缺出，由本旗佐领下闲散内挑补。台总理领催一名，每月食饷银二两。领催七名，每月食饷银一两五钱。台委署领催一名，不给饷银。总理领催缺出，由七台领催内挑补。领催缺，由委署领催、台丁内挑补。八台共台丁一百五十名，由本台幼丁内挑补，并无饷银。边内系吉林所属，边外系蒙古界内。西南距布尔图库边门八十里。

布尔图库边门在吉林城正南西五里。此边门防御笔帖式缺出，由镶红、镶蓝二旗骁骑校、披甲内挑选补放。〔额〕兵二十名，俱系满洲。此内领催一名，每月食饷银三两。披甲十九名，每月食饷银二两。领催缺出，亦由二旗披甲内挑补。披甲缺出，由本旗佐领下闲散内挑补。台总理领催一名，每月食饷银二两，台领催七名，每月食饷银一两五钱。总理领催缺出，由七台领催内挑补。领催缺出，由台丁内挑补。七台共台丁一百五十名，俱由本台幼丁内挑补，并无饷银。边内系吉林所属，边外系蒙古界。西南距盛京所属威远堡边门一百一十里。

一、拉林地方，于乾隆九年由京都挪移闲散满洲七百五十户，分为头八屯、二八屯居住。乾隆十年，由都京挪移闲散满洲二百五十户，添与二屯居住。

阿勒楚喀城地方，乾隆二十一年，由都京挪移闲散满洲五百户，按立海沟八屯居住。乾隆二十二年，由都京挪移闲散满洲五百户，按立瓦珲八屯居住。

拉林地方，于乾隆二十四年由都京挪移闲散满洲五百户，按霍集莫八屯居住。

自乾隆三十二年起，至嘉庆十五年，二处除将闲散满洲内陆续挑补披甲二百八十五名外，现有闲散满洲二千七百一十五户，每年每户给银五两修葺房屋、添补农具等项，共支领报销银一万三千五百七十五两。

一、吉林地方每岁陆续由部请领散放刨参票张，收办参斤，裁改年分，开列于后。

计开：

乾隆二十八年，原任将军恒禄奏请，行放乌苏里等山参票，改为吉林、宁古塔地方设立官参局收贮参斤。自二十八年至三十二年，每年由部领取乌苏里、绥芬山票四千张，回山照票四千张，护票八张。内分给宁古塔乌苏里山票二千张，回山照票二千张，护票四张。每票一张，作为五夫，收参十二两。由京派员，会同散放。剩票送部缴销。

乾隆三十三年，将军恒禄奏请，吉林、宁古塔地方行放参票，仿照奉天办理，改为小票。自三十三年至三十四年，由部领取小票二万四千张，回山照票二万四千张，护票八张。每票一张，刨夫一名，收参五钱。由京派员，会同散放。

乾隆三十四年，将军富亮奏请添设（增）洛拉密山票四千张，英额岭山票二千张，回山照票六千张，护票四张。自三十五年至四十一年，由部领取乌苏里、绥芬、洛拉密等山小票二万张，回山照票三万张，护票十二张，由京派员，会同散放。

乾隆四十一年，奉准户部侍郎金简题准，由京部内派往吉林、宁古塔二处会办放票收参之章京停其派往，着交该将军、副都统办理。

乾隆四十二年，钦差侍郎金简、将军福康安等会议，奏请裁去小票，改为四夫一票，每票一张收官参二两。如刨夫原带二三人者，各给将军印照一张收官参五钱。自四十二年（至）至四十七年，由部领取乌苏里、绥芬、洛拉密、英额岭等山票四千张，回山照票四千张，护票十二张。每放部票一张，收参二两。收得官参内，如有大枝参或有上好参枝，即作为四等参进呈。

乾隆四十八年（乾隆四十八年），盛京将军永维、吉林将军庆柱等会议：采挖参山自四十八年至五十二年奏请歇山后，将偷挖参枝贼犯拿获至六百余人，偷挖得参枝二百两之缘由具奏。奉旨：下年毋庸歇山，仍放给刨夫票张开采。钦此。钦遵。自四十九年至五十五年，由部仍领取乌苏里、绥芬、英额岭等山票四千张，回山照票四千张，护票十二张。

乾隆五十六年，将军琳宁奏请，由吉林、宁古塔二处减票一千张。自五十六年至五十八年，由部领取乌苏里等山票三千张。

乾隆五十八年，将军恒秀奏请，以三千张参票内，分放乌苏里山（票）一千五百张，洛拉密山票七百张，英额岭山票七百五十张，蒙古鲁山亦产参枝，分放票五十张。竭力散票刨采。后至五十九年，经钦差大学士公福康安等奏请，吉林本城参票即以五百张为试放之数，其阿勒楚喀、三姓、伯都讷、宁古塔参票，仍循照旧散放。自五十九年至嘉庆三年，由部领取刨参票三千张，内吉林留票一千四百张，行放五百张，分给宁古塔票一千张，三姓票三百张，阿勒楚喀票二百张，伯都讷票一百张，仍照旧竭力散放。剩票送部缴销。

嘉庆四年，吉林将军秀林奏请，吉林定以行放参票五百张内减票五十张，伯都讷照上年放出三十四张内减票二张，三姓照上年放出票三十六张内减票三张，阿勒楚喀照上年放出票二十九张内减票二张，惟宁古塔参票并未减。吉林、宁古塔二处事同一体。吉林原额五百张，减票五十张，内给宁古塔分减票十四张、印照一张，吉林减票三十五张，印照三（照）张，二处减票五十张，免其交参。自参余银内折价，抵充该处官兵俸饷。其吉林票仍以五百张为额，宁古塔票以

（示）二百十张为额，伯都讷票以三十二张为额，三姓票以三十三张为额。阿勒楚喀票以二十七张为额。自嘉庆四年至五年，仍由部领取刨参票三千张，照额散放，剩票送部缴销。嘉庆六年，奉准户部议复刨参票三千张，内议裁二千张、护票四张。自六年至十五年，每年由部领取乌苏里、绥芬、洛拉密、英额岭、蒙古鲁等山参票一千张，回山票一千张，护票八张，照额分给各城。竭力行放，剩票送部缴销。

一、现今库贮

乾隆四十四年四月，接到平定金川版图三十四张。

嘉庆五年九月，接到平定台湾版图十二张。

嘉庆十年三月，接到平定湖北、湖南版图十六张、平定四川版图四张、吉林通省图一张、吉林城图一张、长白山图一张、望祭长白山图一张。

校　记

〔1〕此处疑有脱文，"距城三百六十里"（据《吉林志书》）。

〔2〕"退通站"原为"通退站"，据《吉林通志》卷五十七改。此处疑有脱文，"六十五里"（据《吉林志书》）。

〔3〕此处疑有脱文，登伊勒哲库站至盟温站五十里（据《吉林志书》）。

〔4〕"鄂尔库国木索站"之"库"字衍，据《吉林通志》卷五十七删。

〔5〕"炕"原作"杭"，据《吉林通志》卷三十五改。

〔6〕"芹"原作"芩"，据《吉林通志》卷三十五改。

〔7〕"丛"原作"业"，据《吉林通志》卷三十五改。

〔8〕"十"下脱"四"字，《吉林通志》卷五十补。

〔9〕"分驻"原为"八驻"，据当误。据《吉林通志》卷五十改。

〔10〕此处疑有脱文，"总理领催缺出，由七台领催内挑补"（《吉林志书》作）。

图书在版编目（CIP）数据

　　吉林志略 / 陈见微点校. -- 长春 : 吉林文史出版社, 2020.11
　　（长白文库）
　　ISBN 978-7-5472-7380-7

　　Ⅰ.①吉… Ⅱ.①陈… Ⅲ.①吉林—地方志—清代 Ⅳ.①K293.4

　　中国版本图书馆CIP数据核字(2020)第216080号

吉 林 志 略

JILIN ZHILÜE

出 品 人: 张　强
点　　　校: 陈见微
丛书主编: 郑　毅
责任编辑: 程　明　吕　莹
装帧设计: 尤　蕾
出版发行: 吉林文史出版社有限责任公司
电　　　话: 0431-81629369
地　　　址: 长春市福祉大路出版集团A座
邮　　　编: 130117
网　　　址: www.jlws.com.cn
印　　　刷: 吉林省优视印务有限公司
开　　　本: 170mm×240mm　1/16
印　　　张: 6.75
字　　　数: 90千字
版　　　次: 2020年11月第1版　2020年11月第1次印刷
书　　　号: ISBN 978-7-5472-7380-7
定　　　价: 58.00元